「グレー企業」になりなさい！

中小企業が生き残るための「究極の経営戦略」

もちろん法令順守！

特定社会保険労務士・税理士
長尾雅昭

現代書林

はじめに

「ブラック企業」という言葉が、ここ数年、世間を騒がせています。

少し前まで問題にされなかった経営者の振る舞いが、「違法行為」と厳しく処罰される時代になりました。サービス残業、休日出勤など、「会社のために」の一言で文句を言わせなかったワンマン社長が、苦しい立場に追い込まれています。

社員にすれば、「自分たちの権利を正しく主張し、適正な報酬を受けることができる」ありがたい時代になったわけです。

でも経営者にとっては受難の時代。「とんでもない逆風が吹いている」、そう感じている社長も少なくないでしょう。

経営者は、この時代の流れにどう対応したらよいのでしょう。

従来の経営姿勢を強引に押し通すか？

それとも経営方針を変えるのか？

答えははっきりしています。世の中の流れは止められません。

インターネットの普及もあって、社員一人ひとりが情報収集力を持ち、発信力も持つ時代になりました。

マスメディアが取り上げない話題でも、ネットで拡散し、一気に世間の耳目を集めることができます。

ワンマン社長が、そのカリスマ性やパワハラ的な押さえ込みで社員の不満を一蹴し続けられる時代ではなくなったのです。

それどころか、横暴な振る舞いはたったひとりの社員の告発によって大きな問題になり得ます。

中小企業が「ブラック企業」の烙印を押されれば、顧客を失い、売上がガタ落ちになる恐れもあります。

優秀な働き手を確保することも、取引先との関係も難しくなります。

だからといって、社員の望むとおりに待遇を改善したら、「会社の経営は行き詰まってしまう！」という悲鳴を上げる社長の声が聞こえます。

財政的に余裕のない中小企業が、「ホワイト企業」とも言うべき大手企業並みの待遇を約束したら、粗利を遥かに超える予算が必要になって、よほど利益率の高い会社でなければ経営が厳しくなるのは明らかです。

「ブラック企業にはなりたくない、だけどホワイト企業を目指すのは無理だ」

それが多くの中小企業の現実です。

そこで私が中小企業経営者たちに提唱しているのが、「グレー企業のすすめ」です。

「ホワイト企業を目指したら、中小企業は首が絞まります。何も改善しなければブラック企業と呼ばれます。社員の待遇を改善しながら会社をしっかり守る、グレー企業こそが中小企業の生きる道です」

これこそが中小企業が目指すべき企業像です。

グレー企業とは決して「疑わしい会社」という意味ではありません。白（ホワイト）と黒（ブラック）の間という意味でのグレーです。

「大手企業のように万全の待遇ではないけれど、法律に定められた最低限の待遇は確保する。会社が健全に経営できる範囲で、社員の立場を尊重する」

それがグレー企業の方向性です。

待遇というのは、残業代の計算や有給休暇の日数だけではありません。育児休暇や介護休暇をどうするか。病気で長期欠勤した場合はどうするか、等々。社員を尊重すると同時に、会社を守らなければなりません。

これまでは案外、経営者はその点に無頓着でした。お互いの信頼関係や長年の人間関係の中で、明確な決まりがなくても、やっていけたからです。

いまは違います。

社員たちは、自分が抱く不満や疑問を「誰にも聞けない、打ち明けられない」時代ではなくなりました。

ネットで検索すれば、同様の事例やアドバイスがすぐ検索できます。社員が知識や援軍を個人で持てる時代になったのです。

中小企業の経営者は、これに対抗する心構えと実際の体制づくりを急ぐ必要があります。

そうしないと、いつ「ブラック企業」と呼ばれ、倒産の憂き目に遭うかわかりません。

私は税理士であり、社会保険労務士です。

たいていはどちらかひとつの資格を持って仕事をしているのですが、私はひとりで両方の仕事をしています。

そのため、税理士だけではわからないこと、社会保険労務士だけでは知識が及ばないことを兼ね備えています。そのため、両方の立場から総合的に経営者にコンサルティングを行うことができます。

お陰様で、多くの会社の労務管理や経営指導を受け持ち、社長そして社員のみなさんに喜んでいただいています。

この本は、私が資格を取得して30年を迎えた節目にまとめた記念碑的な一冊です。私はこの30年、常に厳しい現実と戦い続ける中小企業の経営者のみなさまの経営指導やサポートをしてきました。

これからも同じ思いで、強い中小企業づくりに貢献して参りたいと考えています。どうぞ健全な「グレー企業」を目指して、未来まで続く、元気のいい会社づくりのお役に立ててください。

２０１４年12月

特定社会保険労務士・税理士　長尾雅昭

「グレー企業」になりなさい！●目次

第2章 生き残りたいなら、「グレー企業」になりなさい！

第3章

「グレー企業」のすすめ①
売り上げと人件費をつかもう

第4章 「グレー企業」のすすめ②　残業代の対応

第5章 「グレー企業」のすすめ③　問題社員との正しい接し方

第6章 「グレー企業」のすすめ④ 労働基準監督署との付き合い方

第7章 「グレー企業」が目指すべき会社像

第 1 章

Chapter One

経営者を悩ませる、社員・職場のトラブルは盛りだくさん……

あなたの会社が「ブラック企業」とレッテルを貼られたら……

ここ数年、「ブラック企業」という言葉が世間で問題にされる機会が増えています。誰もが知っている有名な居酒屋チェーンやファストフードの会社などが「ブラック企業」と非難され、改善を求められています。

店長がほとんど休みなく働き、管理職だからという理由で残業代も払ってもらえない、といった事例が物議を醸しています。

ニュース報道をただ他人事として見ていられる立場ならば、あるいは自分も同じ社員の立場ならば、

「へぇー、あの会社、そんなに社員をこき使っているのか」

「残業代も払わないなんて、ひどいな」

と、ブラック企業を非難する立場で見ていられるでしょう。

しかし、あなたが経営者ならば、報道に接して、ドキッとする場面もあるのでは

ないでしょうか。

（うちの会社だって、似たようなものだ）

（もし社員が、うちの会社もブラック企業だ！　と騒ぎ始めたら大丈夫か？）

不安に襲われている社長さんはきっと少なくないはずです。

実際、中小企業のほとんどが、いま世間で問題になっている事例のいくつかを当たり前のように抱えています。

サービス残業にしても、過剰な労働時間にしても、いわば社長と社員の「信頼関係」の上に成り立っているから問題ない、という考え方がこれまで中小企業の多くの社長たちが持っていた常識です。

ところがその「信頼関係」がある日突然くつがえされ、

「うちの会社はブラックだ！」

「社長は横暴だ、未払い残業代をすぐ払え」

と騒ぎ出されたら……。

率直なところ、多額の費用が必要となり、最悪の場合は経営が行き詰まる会社も出てくるでしょう。

これまでのような、経営者本位の「信頼関係」は通用しない世の中になっています。インターネットが普及し、誰もが詳細な情報や事例を検索できます。そこには、社員の権利や会社への要求の仕方、関係法令などがいくらでも載っています。

経営者にとって厄介なのは、ブラック企業の問題が社会を賑《にぎ》わせるようになって、これまで泣き寝入りしていた社員たちが知恵を与えられたことです。「えっ、これまで我慢していたけれど、私たちの当然の権利なのだ。みんなで相談して、社長に要求しよう！」

「もし応じてもらえなかったら、ブラック企業だ！　とネットに書き込めばいい。世間は私たちの味方になってくれるはず」

そんな空気がいま日本中に広がっています。**あなたの会社もいつ「ブラック企業**

だ」と槍玉に挙げられるか、わかりません。そしてあなたは、「ブラック企業の社長」の烙印を押され、倒産の憂き目に遭う可能性だってあるのです。

〈事件簿（1）「未払い残業代を払え！」という内容証明

ある社長さんの身に降りかかった、実際にあった事例を紹介します。

ひとりの社員が会社をやめて行きました。退職に関する手続きはすべて会社の慣例に従って処理し、本人もとくに不満なくすべてが終わりました。ところが、やめていった元社員のことなど忘れかけていたある日のことです。

元社員から、内容証明が届きました。書面にはこう書かれていました。

「残業代が未払いになっています。過去2年分の残業代をさかのぼってお支払いください」

いつ準備したのか、タイムカードのコピーも添えてありました。

受け取った社長さんが激怒したのは言うまでもありません。

（こんなもの、払えるか！）

毎月の給与の中に「残業代も含まれている」というのがその会社の了解でした。社員もみな納得しているはずです。いままでそれで問題が起こったことはありませんでした。

「なんで今さら！」

社長の怒りは当然です。

この元社員の主張を認めたら、予定外の出費が必要なばかりでなく、いま働いている社員全員に残業代を払う責任が生ずることにもなりかねません。途方もない金額が社長の頭の中でグルグルして、今度は背筋が凍る思いに襲われました。

（もしそんな羽目になったら、うちの会社はお手上げだ！）

余裕も資金もありません。いまの給与でなんとかぎりぎり利益を出している。もし人件費が大幅に増えたら、会社の経営は成り立たないのです。

「絶対に払うものか！」

内容証明に対して強硬な姿勢で対応しようと考えた社長ですが、結局、そうはいきませんでした。

結論から言えば、タイムカードのコピーがあって、その残業代を払ったという証明がなく、「給与の中に含まれている」という了解がお互いの「あうんの呼吸」であっても実際に約束が取り交わされていないのであれば、所定の残業代を払うのは会社の当然の義務。支払いを受けるのは社員の当たり前の権利です。

「本人も納得していたはずだ」

と言っても、後の祭り。

この社長は私の助言を受けてようやく状況を理解し、渋々ながら元社員との話し合いに応じました。今回のケースでは、最終的には話し合いによって、一定の範囲の金額を払うことで解決しました。

タイムカードという証拠はありますが、会社を辞めた後に要求してくるのは決して公正とは言えません。在職中は本人も納得していたはずです。もしそうでなければ、給料をもらった直後に言えばよかったのです。

つまり、一度は受認しながら働いていたのですから、やめた後の主張がすべて正当とも言えません。それらを総合して、お互いの納得できる妥協点で和解したのです。

かつて社員個人の立場は弱かったので、個人が組合といった形で団体を組み、会社との交渉を行ったものです。

いまもその図式はありますが、インターネットの普及で情報が氾濫している現状もあり、個人が自分で何でも会社に要求する時代になっています。こうした紛争を解決する手段として、「紛争解決センターがある」「労働審判など、いろいろな制度もある」といった情報もインターネットが教えてくれます。

社長にとっては受難の時代になっているのです。

事件簿(2)休みがちな社員が会社をやめない

入社して10年以上真面目に働いてくれた男性社員Aさんが、30代半ばになって会社を休みがちになりました。結婚生活のストレスなのか、精神的なトラブルから心身のバランスを崩したようです。

突然欠勤するばかりでなく、以前のように安心して仕事を任せられないので、会社としても困った問題になりました。

一週間以上の欠勤も珍しくない状態になり、上司が本人のために退職して療養したらどうかと勧めましたが、本人に退職の意思はありません。

将来の再就職の不安があるからでしょう。医師の診断書を添えて休職願いを出すばかりで、会社をやめようとしません。

社長はその社員Aさんの父親と以前から知り合いでした。

そんな関係もあって採用したいきさつがあるので、スッパリと解雇しにくいところもあります。

このような状況が1年、2年となり、会社としてはケジメが必要と判断しました。社長はまず父親に理解を求め、解雇の手続きを進めようとしました。ところが、「10年以上真面目に働いたのだから、もう少し見守ってもらえないか。息子が精神疾患を起こした原因のひとつは、会社の激務と人間関係にある。それなのにお払い箱とは冷たすぎるでしょう。どうかもう少し待ってください」

と主張され、懇願されました。

社長はまさかAさんの精神疾患の要因が会社の激務や人間関係だとは思っていませんでしたので、その点については戸惑いました。けれど、公の場所でそう主張されたら、否定する材料があるのかどうか、自信がありません。

大手企業なら、長期の療養期間を保証し、社内にカウンセラーを常勤させて「心のケア」にあたるなど、社員を支える様々な制度を用意しているかもしれません。

が、とてもそれだけのサポートをする余裕はありません。

社長は渋々、本人と親の頼みを聞き入れて、解雇はせずに様子を見ることにしました。

休んでいる間はもちろん無給ですが、社会保険など、会社が負担する金額は決して少なくありません。仕事の戦力にならない社員のコストも、ぎりぎりで経営している中小企業には痛手です。

しかも、わずか50人足らずの会社にもかかわらず、Aさんのほかに2人、同じようなトラブルで休みがちな社員が出てきました。合わせて3人です。さらに増える可能性がないとも限りません。

社長は「どう対応したらいいのか」頭を抱えています。

事件簿(3)働かない問題社員

毎朝、始業時間にはきちんと出社する、無断欠勤もそれほどしない。

ところが、真面目に働かない、仕事の能率が恐ろしく低い問題社員のBさんがいます。同じグループで働く他の社員たちのお荷物になり、士気にも悪影響を及ぼしています。

「あいつ、やめさせましょう！」

直属の上司が怒って社長に進言しました。日頃からBさんの無気力な仕事ぶりを見ている社長も、本音はその上司と同じです。

早速、本人を呼んで意思を確認したところ、

「おれ、辞めませんよ。仕事もちゃんとやっているし」

その一点張りです。上司はますます怒って「解雇してください」と主張します。

（そう簡単に解雇できるのだろうか）

困った社長は、私の元に相談に現れました。

いろいろ事情を聞いた上で、私は答えました。

「すぐに解雇はできないでしょうね。もし解雇して何らかの訴えを起こされたら、

会社が負ける可能性の方が大きいと思います」

社長はがっくりと肩を落としました。困った問題をこれからも抱え続けねばならないのです。頭の痛い問題です。社長は、

「職場の雰囲気もよくならない、士気も上がらない、会社にとってひとつも利益にならない問題社員をやめさせられないなんて、理不尽じゃないですか」

と、怒りを私にぶつけて来ましたが、仕方ありません。私はさらにこう答えました。

「能力がないからといって、クビにはできません。もし調停や訴訟になったら、『上司はきちんと教育したのか』と問われるでしょう。Bさんの業務の能率がアップするために、最大限の努力を会社がおこなったという客観的事実がいるのです。それを裏付けるものがないならば、社員ではなくむしろ会社の責任となります。相当な理由がないと解雇できない、それが現実です」

みるみるうちに社長の顔がさらに怒りで紅潮するのがわかりました。社長はいっそう激しい口調で言いました。

「会社がバカを見るために法律はあるのですか！　だったら会社なんか経営しない方がマシだ。働かない社員のために、会社が損をする、真面目な社員がバカを見る。理不尽でしょう！」

確かにその通りです。

けれど、社長の怒りは法的にも社会的にも残念ながら認められません。私は社長にこう助言しました。

「理不尽なのではありません。今回の問題は、残念ながら社長が経営者としてやるべきことを事前にしていなかったことが原因です。手を打っておけば、こんな理不尽な目には遭わなかった。**法律は決して会社に不利にできているわけではありません。社長なら経営者としての自覚を持ってもっと勉強し、会社と自分を守る手を打っておけばいいのです**」

「どういうことですか？」

社長はようやく冷静になって私に問いかけてきました。

その方法は後の章で詳しくお話しします。

事件簿（4）労働基準監督署がやってきた

「クレーマー」という言葉が当たり前に使われる時代になりました。

クレーマーは顧客だけでなく、社員の中にもいます。モンスターという言葉も一般的になりました。モンスター・ペアレンツ、そしてモンスター社員も困った存在です。

これまで紹介した3つの例は、いずれも困った社員（元社員）の問題です。

「うちは社員と気持ちが通じ合っている。いい関係だし、会社もいい雰囲気だから、社員からそんな無茶な要求を受ける心配はないね」

「たとえ一部の社員がそのような主張をしても、他の社員はみな会社や私（社長）に好意的だから、全体で会社を非難する動きにはなりませんよ」

胸を張って言える社長も中にはおられるでしょう。

それはもちろん素晴らしいことです。

ところが、たとえ社員全員が社長を信頼し、社長と心をひとつにして働いている会社でも、思わぬところから刃を突きつけられる心配があります。実際にそれで苦境に陥る会社があるのです。

誰が刃を突きつけて来るのか？

それは、労働基準監督署です。

社員からの突き上げなら、話し合いでなんとかなる場合もあります。

労働基準監督署の指導が入ると、曖昧な言い訳は通用しません。待ったなし。

しかも、社員が望んでいるわけでなくても、法令遵守を根拠に、社長に「一定期限内の改善」を求めてきます。

では一体、どんな時、労働基準監督署に呼び出されるのでしょうか？

私が経営指導をしている会社でも、この1ヵ月間で3社、労働基準監督署に呼び出しを受けました。

ブラック企業が社会問題化する中で、監督署の指導も強化され、いままでの形態になかった調査もされるようになりました。

基本的には、監督署が計画的にもとづいて行う「定期監督」（原則として、予告なしで会社にきます）。

新たな監督指導手法が、「労働条件の集合監督」で、会社をまとめて呼び出して行うやり方です。その場で自己点検票などを提出させます。

最近増えているのは、労働者からの法令違反の申告などによって臨時に行われる「申告監督」です。内容によって、予告される場合とされない場合があります。

ある会社の実例を挙げましょう。

社員のひとりが仕事中に足を骨折、労災を申請しました。

その怪我は労災と認定されましたが、労働基準監督署はそれをきっかけに会社の現状調査と指導に来たのです。

「災害時監督」と呼ばれているもので、一定以上の労災が発生した際に実施されます。

最初は労災事故の状況に関して調査するのですが、その後はおきまりのパターン、「タイムカードを見せてください」「賃金台帳を見せてください」と求めに応じて提出し、その中におかしな部分があれば当然、指摘され、確認を受けます。

「残業代をきちんと払っていませんね」

会社の事情を話しても、労働基準監督署が納得できる説明でなければ言い訳にすぎません。是正勧告書や指導票を渡され、一定期限内に改善するよう求められます。それに背けば、さらなる罰則の対象になります。

社員から苦情はない、社員は決めた賃金で納得して残業している、それなのに突然現れた労働基準監督署の監督官によって会社は思わぬ出費を余儀なくされます。

（支払う資金はない、どうしよう！）

経営者は苦境に追い込まれます。よほどの根拠がなければ、是正勧告は覆せません。

たったひとつの労災事故がきっかけで多額の残業代を支払う羽目になる、経営が激しく圧迫される……、社長にとっては、とんだ災難です。

これも実は、社長が事前に策を打っていなかったために自分のクビを絞めたのです。

社長には、どんなところから経営を圧迫する槍が飛んで来るかわかりません。何があってもいいように、万全の対策を取っておく。それが経営者の心得です。

第 2 章

Chapter Two

生き残りたいなら、「グレー企業」になりなさい!

ブラック企業とは、一体どんな会社？

ブラック企業とレッテルを貼られたら、いろんな意味で経営が難しくなります。イメージが悪くなりますから、一般の顧客を相手にする商売なら、売り上げが大幅に下がる心配があります。取引先から警戒され、仕入れが思うように行かなくなる恐れもあります。銀行の融資にも響くでしょう。

それでなくても優秀な人材をリクルートするのが難しくなっている時代です。優秀な人材がわざわざブラック企業と呼ばれる会社に入って来るでしょうか。

それでも資金力を持つ大きな会社なら、悪いイメージを払拭するための広報活動や戦略を駆使するなど、挽回の方法があるかもしれません。

中小企業となると、そうは行きません。一度貼られたレッテルはなかなかはがせません。世間のイメージは厄介です。

何としても、ブラック企業と呼ばれるようなトラブルを事前に回避し、レッテルを貼られないようにしなければなりません。

ところで、そもそも「ブラック企業」とはどのような会社を言うのでしょうか?

「すぐクビを切る」
「残業代を払わない」
「社員を長時間働かせ、休日もほとんど取らせない」
「とにかく仕事がきつい。それでいて給料が安い」
「とにかく社員を駒としか思っていない」

そんなイメージが一般にはあるのではないでしょうか。

みなさんご存知のとおり、社員の働く環境や条件は、労働基準法で定められています。その基準が守られているかどうか監督・指導するのが労働基準監督署です。**ブラック企業の指導についても、労働基準監督署が行うのですが、実は、労働基準法には「ブラック企業」という言葉も規定もありません。**

「ブラック企業」の明確な定義はない

先日、「ブラック企業に関する相談会」があり、私も勉強のために行ったことがあります。ところが、「ブラック企業とは何か?」という、そもそもの定義がはっきりと決まっているわけではありませんでした。

ブラック企業という言葉は、メディアの報道を通して、何となく認知されるようになった流行語であって、法律用語ではないのです。法律で定められた規定があるわけでも、明確な定義があるわけでもありません。

ですから、「ブラック企業と呼ばれないためにどうすればいいか」「もしブラック企業と非難されたら、どうやって対応・反論すればよいのか」、はっきりした方法も示せないのが実情です。何しろ曖昧《あいまい》なイメージですから、法的に「こうしなさい」とは言いにくい問題なのです。

それでも無視するわけにはいきません。

「世間のイメージ」や「風評」が現代のビジネスにおいて大変重要なことは、みなさんよく認識されているとおりです。

良いイメージを獲得し、あっという間にブームになって業績を伸ばす会社があります。反対に、たった一度、世間から後ろ指を指されるような問題を起こして潰れてしまう例もあります。

最近は、アルバイト・スタッフが裸で冷蔵庫に入った写真をインターネットに公開し、それが非難の的になって「閉店した」事例が続発しました。**たった一度の、しかもアルバイトのおふざけで店を閉めなければいけない。経営者にとっては青天の霹靂《へきれき》でしょう。**

つい昨日まで、順調に売り上げを伸ばしていたお店が、思わぬアクシデントで閉店に追い込まれる。少し前なら、あまり考えられなかった事態が、いまは起こりうるのです。

こうした事例が起こると、世の中の社長さんたちは気が気ではないでしょう。日頃から不満を抱いている社員たちが、意図的に会社にダメージを与える嫌がらせを、第三者に頼んでやってくる可能性もあるからです。

社員は残業代の支払いに関して不満を抱いている。わかっているけれど、現実には払う余力がない。これまでは社長の威厳と暗黙の了解でその不満を抑え込んでいた場合、もしこうした実力行使に出られたら、残業代どころか、店や会社の存続にも関わる事態に発展します。

社長にとっては、本当に怖い時代になったと言えるでしょう。

中小企業が「ホワイト企業」になるのは、いばらの道

ブラック企業と呼ばれたくない、以前とはやり方も要求の仕方も変わってきた社員の訴えに屈したくない、会社を守りたい……。

そう願う社長は一体、どんな対策を講じたらよいのでしょうか。

法令を遵守し、社員の立場になって働く環境や条件を整える。いわば「ホワイト企業」を目指せば、会社はとても健全になり、問題なく発展するでしょうか? 恐れをなした経営者たちが、ブラック企業と呼ばれたくない一心でホワイト企業を目指したら、もっと深刻な事態が待っていると私は警鐘を鳴らします。

確かに、大企業の中には次々に経営環境改善策を打ち出し、社員に対して「至れり尽くせり」の条件を整えている会社も登場しています。

けれどそれは、中小企業とは大幅に規模の違う事業を展開し、利益の幅も桁違いの大企業だからこそできる施策であって、限られたスケール、限られた利幅の中で経営しなければならない中小企業にはなかなか真似ができません。

ブラック企業と呼ばれたくない、だからと言ってホワイト企業になろうとすると、たいていの中小企業は経営が逼迫《ひっぱく》してしまいます。なぜなら、コストがかかるからです。

経済が右肩下がりで低迷し縮小している現在の日本において、中小企業はそれほどの利益を保証されていません。それもまた現実です。

さて、ブラック企業のレッテルを貼られたら窮地に追い込まれる。ホワイト企業を目指せば経営が厳しくなる。一体、どうすればよいのでしょう?

私が社長たちに勧めているのは、「グレー企業になりなさい」という方向性です。グレー企業とは決して、「悪いことを、確信犯的にやりなさい」、「うまく悪事を隠しなさい」という意味ではありません。

社長として、「法律的に許される範囲で、しっかりと会社と社長自身を守る施策も講じて、社員との良好な関係を築きなさい」という意味です。

ホワイト企業というと、100パーセント社員の立場に立って、社員の働く権利や環境を保証するイメージがあります。それができればいいに越したことはありませんが、社長にも事情はあります。社員が安心して働き続けるためには、会社が存続することが大前提です。

私は、多くの中小企業の経営相談に乗り、長年にわたって経営アドバイスをして来た経験から、はっきりと言えることがあります。

「中小企業がホワイト企業を目指したら、間違いなく社長のクビを絞めることになります」

誇り高き「グレー企業」になりなさい!

グレーというと「灰色」のイメージがあり、「クロとは断定できないが、限りなくクロに近い」印象があります。この本で勧める「グレー企業」とは決してそのような意味ではありません。

ブラック企業では困ります。自信を持って経営を続けることができません。かといって、ホワイト企業でも生き残れません。世間体はいい、社員にも喜ばれる、だけど現実的に存続が難しいからです。

そこで、ブラックでもホワイトでもなく、

「健全に存続できるグレーを目指そう」
「理想とは言えないが、社員も納得できるレベルで労働条件を整えよう」
といった意味で、グレー企業になりなさいと私はお勧めするのです。
本当は、白でも黒でもなく「シルバー」と言ったらイメージが輝かしくなりそうですが、「シルバー企業」といえば高齢者向け企業のようになるので、グレー企業という言葉を選んだのです。

もう一度言いますが、グレー企業は決して後ろめたいことをするわけではありません。

残念ながら「理想」とは言いがたいけれど、現実的に可能な範囲で、十分に社員にも配慮し、会社が健全に経営を続けて行ける路線を築き上げるのです。

グレー企業は社長の「抜け道を探す」だけではありません。同時に、社員も実は得をする、現実的な方向性です。

一例を挙げましょう。労働基準監督署の指導は、必ずしも社長に厳しく、会社で働く労働者に有利とは限りません。

監督署の指導を度外視しても「もっと働きたい、もっと稼ぎたい」と希望する社員だっています。社員にもそれぞれ事情があるからです。労働基準監督署の指導は、時に社員にとっても不都合な場合があるわけです。

そういう「仕事熱心な」社員とは、お互いに合意すれば両者にとって利益になります。私が勧めるグレー企業とは、そのように労使双方にとって「現実的な路線を進む会社」のことです。

グレー企業になる切り札のひとつは「就業規則」

生き残るためにはグレー企業になる。それを実現するために、経営者は何をすればよいのでしょう?

実は、意外と簡単な方法で、あなたの会社を誇り高きグレー企業へと導くことができます。

その切り札のひとつは、「就業規則」をしっかりと制定することです。

あなたの会社には就業規則がありますか？

会社設立に必要な定款などはつくったけれど、「就業規則はきちんと文章化していない」という中小企業は案外少なくありません。

たいていは口約束、なんとなく合意している、といった程度の会社が多いのが現状です。

採用する際に、休日の規定や就業時間、給与、ボーナス、残業代の規定などはだいたい口頭で確認・合意しているでしょう。

では、有給休暇の日数、病気や怪我をした場合の休職規定などはきちんと決めていますか？

社長の中には、「そういう細かいことはかえって決めない方が便利。現実に直面したとき、状況に合わせて対応した方が無難」と思っている人もいます。

確かに、ワンマン社長のゴリ押しが通用していた時代なら、それが通用していたでしょう。

いまは違います。

むしろ、きちんと就業規則を決めていないために、社長が苦境に追い込まれる危険の方が大きいのです。

第1章で紹介したいくつかの事件も、就業規則を定めておけば、大きなダメージにならなかったものばかりです。

言い換えれば、起こりうる事件やトラブルをあらかじめ想定して、経営者にとって痛手にならない規則を先につくっておけばよいのです。それが、社長が会社と自分を守る強力な武器になるわけです。

社員が働く環境は、社長の好きなように設定できる

就業規則で何を定めるかといえば、「社員が働く環境」です。働く環境には、労働基準法で定められた「労働条件」（必要記載事項）と、会社が定める社員が遵守すべき義務、すなわち「職場のルール」があります。

必要記載事項には、「絶対的必要記載事項」と「相対的必要記載事項」がありま す。

絶対的必要記載事項というのは、その名のとおり、必ず就業規則に定めなければいけない規則です。始業及び終業時刻、休憩時間、休日、休暇、賃金に関する事項、退職に関する事項（解雇の事由を含む）などがこれにあたります。

相対的必要記載事項は、定める場合は記載しなければならない事項、すなわち載せるか載せないかを社長の判断で選べるものです。退職手当、臨時の賃金、安全及び衛生、職業訓練、災害補償、表彰及び制裁に関する事項などがこれにあたります。

職場のルールの代表格は、服務規律で、社員が遵守すべき義務、例えば、

「会社の指揮命令には従うこと」
「職務に専念すること」
「秘密を保持すること」
「職場の環境を維持すること」

などがあります。

就業規則が健全なグレー企業になるための切り札、社長の身を守る大きな武器のひとつだと力説するのには根拠があります。

何より、社員の社員が働く環境は、「社長の考えで自由に設定できる」という点です。

「うちの会社には、退職金はないよ」
「うちの会社には、忌引休暇はないよ」
と決めても問題ありません。

労働基準法に違反する「労働条件」に関する規定はつくれませんが、法律に細か

な規制や規定がないもの、「職場のルール」に関しては、会社の立場で自由に決めることができます。

例えば、第1章の事件簿（1）の場合、就業規則がなかったことが命取りになりました。

就業規則の賃金規程の中に、基本給のほかに「定額残業手当」「みなし残業手当」などの規定を定めておけば、多額の請求を受ける心配はありませんでした。

またもし退職後に請求されても、就業規則を盾にはねのけることができました。

基本給に残業が含まれるのではなくて、あらかじめ定めた残業時間を見越して手当を支給する旨の説明をし、

「当社の就業規則は、作業場のいつでも見られる場所に置いてあります。どうぞ確認してください」

と、合意の上で入社するプロセスを取れば、社員はその規則遵守を約束して入社したわけですから、その規則に背くことはできませんし、その規則の定めを越えて

何らかの要求をしても認められないのは当然です。

どうですか？　就業規則がいかに社長の身を守ってくれるか、わかっていただけましたか。

会社（社長）の意向でつくれるのが就業規則です。これをつくらずにおく方が愚かだとわかったでしょう。

社員や退職者との間に何らかのトラブルが起こった場合でも、法律に違反さえしていなければ、判断の基準になるのは就業規則です。

きちんと定めがあり、「いつでも自由に見られる場所にある」などの条件を整えてあれば、就業規則が否定され、社長が不利な裁定を受ける心配はありません。

ただし、一度決めた就業規則を、社長が後で都合よく改定した場合などは認められません。

社員に不利になると思われる条文に変更する場合は、社員たちに示し、合意を得る必要があります。規則を変更するのに、本来は社員の合意は不要です。けれど、「不利益変更」は合意を得ないと後で損害賠償の対象となります。

就業規則は個々の労働契約に優先する

会社と社員の労働条件の取り決めに関して、どの規定が最も優先するのか、明確にしておきましょう。

まず、個々の労働契約があります。これは会社とその社員との個別契約です。次に就業規則があります。これは個々の労働契約より上に位置づけられ、優先します。就業規則で定める基準に達しない労働条件を定める労働契約は、その部分で無効になります。例えば「1日8時間労働で月給は20万円。休日は日曜日だけで有給休暇はなし」などという条件は無効です。

さらに、団体交渉をして組合と会社で決めた労働協約があれば、これがその上になり優先されます。

そして、最も上にあるのが、労働基準法です。たとえ労使で合意しても、労働基準法に背く規定は認められません。あくまでも、労働基準法の定めに抵触しない形で就業規則を制定しなければなりません。

グレー企業になれば、あなたの会社は生き残る

福利厚生に関しても、大企業は充実した制度を持っています。休暇中に家族と利用できる別荘がある。産休、育児休暇、家族の不幸に際しての休暇日数も十分に保証されている。会社の中に病院や診療所を持っているのは大企業ならむしろ当たり前です。

同様の条件をあなたの会社は社員に提供できますか？

よほど余裕がある会社でないかぎり、「到底無理」ではないでしょうか。ホワイト企業になるのは中小企業には現実的に無理な相談です。

それでは一体、どうすればブラック企業と呼ばれず、社員から思いがけない要求を突きつけられる心配もない健全な会社になれるでしょうか。

休みを例に取ってひとつ助言しましょう。私が社長たちに指導している方針は明快です。

休暇の申請を受けたら、「いやな顔をせず認める」のです。女性社員はもちろん、男性社員が「育休を取りたい」と言ってきても前向きに対応し、「どうぞ取ってください」と認めましょう。

「子供が熱を出したので休みます」と、朝になって連絡してきた女性社員に対しても、小言を言ってはいけません。やさしい言葉で対応し、十分に具合を案じた上で「どうぞ休んでください」と答えます。

社員たちは「いい会社だ」と感じてくれるに違いありません。

でも、目指すのはグレー企業です。

休みを認めて給料も支払ったのでは、中小企業はやっていけません。売り上げも利益も潤沢な大企業ではないのです。ではどうするのか？

「どうぞ休んで結構です。その代わり、給与は払えませんよ」

それで良いのです。あらかじめ就業規則に規定をつくっておけば、問題ありません。

社員が休む権利は認めるけれど、「ノーワーク・ノーペイ」の原則に従って、「その部分の給与は払わない」と定めるのです。

そうすれば、会社はその分の労働力は失いますが、大きな損失にはなりません。

これがグレー企業のひとつの生き方です。

こうすれば、社員の権利も確保しながら、会社を守ることができます。厳しい不況下にあっても会社が生き残るためには、こうした自衛策が絶対に重要です。

有給休暇の日数は、法令の最低基準で対応する

詳しくは後の章で書きますが、この章でもひとつだけ、有給休暇の例を挙げて、社長の意向を規則で反映できる実例を紹介しましょう。

有給休暇は、「入社から半年が経過した時点で1年間に10日与えられる」「以降、1年ごとに日数が増えて、入社から6年半で20日になる」というのが労働基準法で定められた最低の日数です。

私の娘が大手銀行に就職したのですが、有給休暇の付与日数を聞いて感服しました。なんと、入社したその日から新人銀行員も14日の有給休暇を与えられ、翌年4月1日には20日与えられるのです。

まさにホワイト企業の鑑《かがみ》のような待遇です。

中小企業にはちょっと真似のできない制度だと思います。さすがホワイト企業。だから「中小企業がホワイト企業を目指すのは無理」という象徴的な事例です。

グレー企業を目指すあなたの会社は、その真似をする必要はありません。入社から半年経った時点で「10日与える」ので十分でしょう。

基準日を統一して、管理を楽にする必要はない

有給休暇を付与する際、社員の入社日から6ヵ月を経過した日を「基準日」とすると、毎月、誰が基準日に該当するかを管理する必要があります。

何百人も社員がいる企業では、各社員の基準日がいつなのか管理するのが困難なため、4月1日や1月1日を基準日に設定し、社員の有給休暇の日数を一斉に変更する方式を採用しています。すなわち、入社時と統一した基準日のみに有給休暇を付与、または変更するのです。

しかし、法令を満たす(6か月で10日付与)ためには、例えば4月1日を基準にした場合、4月1日から9月30日に入社した社員には入社時に最低10日の有給休暇を付与することになります。

これには弊害もあります。入社時に10日の有給休暇を付与された社員が、会社になじめずに1か月後に退社することになったとします。最後の10日間は有給休暇を申請しました。理不尽だと思われるでしょうが、これは認めざるを得ないのです。

ですから、**中小企業は、社員を同じ基準日にするのではなく、入社日から6ヵ月を経過した日をそれぞれの基準日にすることで十分なのです。**

いまはパソコンで有給休暇を管理できるソフトもあります。面倒がらずに、各社員の基準日を確認して更新することをおすすめします。

消化した有給休暇は今年の分か、去年の分か?

有給休暇に関して考慮すべき大切なことがもうひとつあります。翌年に繰り越した日数の取り扱い方です。

有給休暇は2年の消滅時効が認められていますので、だいたい、

「年次有給休暇の残日数は、当該年度分のみ翌年に繰り越すことができる」

と規定されています。

このような規定ですから、とくに考慮の余地はないように思うかもしれませんが、この扱い次第で大きな違いが生じます。

2年目の社員が1年目に有給休暇を一切使わずに繰り越したら、基準日には繰越分と新規分を持っていることになります。この社員が2年目に有給休暇を取った場合、その日数はどちらから引かれるのでしょう。

繰り越した1年目の日数からか、2年目の日数からか？　とくに規定がなければ、前年度の分を差し引くでしょう。その方が社員にとってはありがたいからです。

前年度分が繰り越せるのは翌年までで、もし翌年も消化しなかったら消滅してしまいます。今年度の分は翌年に繰り越せますから、使わなくてもまだ猶予があります。グレー企業を目指すあなたの会社はどうしますか？

迷わず、新しい今年度分から消化する決まりにすべきです。

有給休暇だって会社にすればコストです。少しでも合法的にコストダウンを図る姿勢で経営するのが中小企業生き残りの必須条件です。

そこで、就業規則の年次有給休暇の条文に次の項を加えておきましょう。


「年次有給休暇の消化は、当該年度分より使用することとする」


新入社員が詳しい説明を受けず、ただこの条文を一読しただけでは、とくに気にも留めないかもしれません。

けれど、実は大きな違いであることがもう理解していただけたでしょう。この条文を入れておくことが、グレー企業のグレー企業たるゆえんです。

いかがですか？　就業規則ひとつで、会社の方向性やコスト管理が鮮やかにできるといった理由が、少しずつわかっていただけたでしょうか。

第 3 章

Chapter Three

「グレー企業」のすすめ①

売り上げと人件費をつかもう

「カンピューター」の精度を上げよう！

中小企業を経営している社長ならだいたい「カンピューター」が働くものではないでしょうか。経理をきちんとやっている社長でも、いちばん頼りにしているのは自分の勘。いま儲かっているか、儲かっていないのか、感覚的にわかるものです。

たとえ仕事が忙しくても、期限内に注文をこなすために外注費が普段よりかかっていれば、

「決して利益が出ているとは限らない」

「むしろ赤字になってしまいそうだ」

といった感触が、細かく計算しなくてもわかります。

こうした経営的な勘は大事です。カンピューターがダメという気はありません。

けれど、税理士でもある私の立場からすれば、**「もう一歩踏み込んで、そのカン**

ピューターの精度を上げてもらいたい」。それが健全なグレー企業に変身するためのポイントです。

会社の人件費、固定費がどのくらいの金額か、社長なら常に頭にあるでしょう。それに対して、どれだけの売り上げがあれば赤字にならず健全な収支のバランスが取れるか、「損益分岐点」は必ず頭に入っているはずです。

ここで改めて「重きを置いてもらいたい」のが、「人件費」です。

そのように書くと、多くの社長が、

「人件費ならわかっているよ。いちばん基本的な経費だし、わりと簡単に計算もできるから。そこを間違えることはないね」

自信満々に言われるのではないでしょうか。

ひとり20万円の給与で20人の社員がいる。合計400万円の人件費です。これだけなら間違う心配はありません。確かに簡単な計算です。

けれど、こうした計算しか頭にないと、落とし穴にはまってしまいます。

商品を仕入れる、動かす、そこに人件費が発生する

破格の値段で人気商品が手に入ることになったので、大量に仕入れました。

（まあ、必ず売れるからいいだろう）

安易な社長は、そのように考えてしまいがちです。

売れれば収入が増える。人気商品だから売れ残る心配もない。けれど、優秀な社長になりたいなら、もう一歩進んで、新たに発生する人件費を計算する習慣をつける必要があります。

その習慣のない社長の会社が、「ブラック企業」と呼ばれる結末をたどるのです。昔なら許されたことが、いまは許されなくなっています。その温床のひとつが、精度の低いカンピューターにあることを、肝に銘じてください。

大量に商品を仕入れたら、その分の営業、販売の人手がかかります。

「うちのスタッフはそれくらい喜んでやってくれるよ」

この発想もまた、ブラック企業の温床です。

喜んでやってくれるのは、社員だって「その分の見返りがある」と希望を抱くからです。ボーナスなのか、残業手当なのか。何らかの報酬があるからこそ、社員も無理を承知で働くのです。

「会社さえ儲かって、発展してくれればいい」

そんな愛社精神の強い社員もいるでしょう。

安定した暮らしさえ確保できれば給与がそれほど上がらなくても働ければ文句はない、そういう考えの社員が全部なら問題はありません。

けれど、本当に「社員が納得しているからそれでいい」と思ったら社長失格です。中には不満を抱く社員がいて、冒頭の事件簿（1）のように退職後に刃を突きつけてくるかもしれません。

それ以上に、文句は言わないけれど会社に対する不満を貯め、会社全体の空気が徐々に停滞する心配は大いにあります。

経営者は、通常以上の労働を求めたらその分の報酬を常に考慮する姿勢が重要です。そのためには、予定を越える仕事量が発生したら「同時に人件費も発生する」と考えて計算する、準備する習慣をつけることです。


売れる商品を仕入れたら、その営業パンフレットが必要です。メーカーのものがあるにしても、自社の連絡先を加えるなどの手間は必要です。普段から納品している顧客に売るとしても、説明や営業は必要です。

さらに、流通にかかる手間、売れたら売れたで伝票の処理から追加の対応等々、うれしい悲鳴があがればあがるほど、仕事量は増えるばかりです。

その分、余計にかかる人件費も最初に計算し、間違いなく利益が上がるようにすることが重要です。

「売れる商品だから、薄利多売で行くぞ。何しろ大量に仕入れてしまったから、売れ残ったら大変だ」

通常の掛け率より下げて売るのは商品や状況によって必要でしょう。けれど、それできちんと余分にかかる人件費までカバーできるか。案外、そこを忘れている社長が少なくありません。

「社長！　全部売れました。儲かった分で、少しはボーナスを出してくださいね」

社員にそう言われて、思わずこんな答えを返した経験はありませんか？

「バカ、利幅を下げて売ったから、会社はほとんど儲かっていないのだぞ」

どうでしょう？

実際、社員が思っているほど儲からなかったケースもあるでしょう。でもそれは、社長が人件費を忘れて利幅を下げすぎたからです。これも、ブラック企業と呼ばれる方向に会社を引きずり込む一因です。

人件費を最初から頭に入れておけば、

「ありがとう。みんなが余計にがんばってくれたお陰で在庫を残さずに済んだ。利幅は下げたけどしっかり利益も残ったから、少しくらいボーナスに還元するぞ」と、明るく答えられるでしょう。社員からも歓声があがり、会社の空気が元気になるのは言うまでもありません。

人件費の割合を決めておく

忙しくなったら残業が増えます。

だから、「売り上げも上がる一方で残業代もかかる」という程度の感覚は社長なら誰もが持っているでしょう。そのカンピューターの精度をもう一歩上げるためには、何をしたらよいでしょう。

「この忙しさだと、一体いくら残業代がかかるのか？」と、計算する習慣をつけて欲しいのです。

それほど細かくなくても結構です。だいたいどれくらい、でいいので、常に計算し把握することが日々の経営に必要です。

〈経費割合の中で人件費の割合はいくらか〉をしっかりと決めましょう。

残業代がプラスになったとき、その人件費割合がカツカツだと経営的にはすぐ厳しくなります。

人件費のほかに、固定費もあります。全体のバランスの中で人件費を圧縮しすぎず、余裕を持った予算にすることが社員の満足を保証し、ブラック企業と後ろ指を指されないために大切な基本姿勢です。

売り上げに対して人件費がどれくらいになるか？　忙しい時、暇な時、状況によっても違いますから、人件費割合の上限と下限を把握するのは「グレー企業」を実現するための必須条件です。

会社を健全に経営するため「いくら売り上げる必要があるのか？」を考えると同時に、「そのための人件費はいくらが健全か？」もしっかり設定しましょう。

社員を駒のように使うブラック企業

社員に長時間残業をさせておいて残業代を払わない、そういう会社がブラック企業と呼ばれて問題になっています。

これは残業代を払う払わない以前の問題です。

社員を将棋の駒のように使う、ワーク・ライフ・バランスを無視して長時間労働をさせること自体が大問題です。

「少ない社員で効率よくやろう、その経営方針のどこがいけないのだ」

と、開き直る社長もいます。

「自由主義経済だろ？　企業も弱肉強食。生き残るために全力をあげているのだ」

確かにそれも理屈ですが、社員の過剰労働を前提にした企業の生き残り作戦は、社会的に認められません。

今の時代、長続きもしないでしょう。

カリスマ的な社長が独特の魅力を放って社員の心情的な賛同を得られたとしても、社員の家族から疑問や不安の声が上がる、社員が体調を崩すなど、様々な形で無理が露呈する例が実際に頻発しています。

これからの経営者は、ワーク・ライフ・バランスを無視しては続きません。

健全なグレー企業を目指すためには、労働時間や労働量の増加に伴って「人件費も上がる」という認識を持ち、あらかじめ予算化する習慣をつけましょう。

決算が出たら、「人件費の分配」を決め直す

自分の会社の経営状態がいまどうなっているか？

人件費の割合が経費の中で何パーセントを占めているか？

その人件費を払うための売上目標がいくらなのか？

すぐ答えられる社長は案外少ないものです。

ちゃんと把握している社長は、「ひとり頭の売上高は?」と聞けばすぐ答えてくれます。社長のカンピューターがきちんと網羅しているのです。ただ財務状況を見るだけでなく、それを基に分析し、新しい施策を思い巡らす。社長なら、そこまでやって当然です。

決算書を見れば人件費の占める割合がわかります。

経費として使える人件費の額がいくらなのかも見えてきます。その程度の感覚さえ持っていないとなると、たとえ中小企業といえども生き残るのは難しいでしょう。

何のための決算か、案外わかっていない社長が多いのが現実です。

「財務状況はもちろん見ていますよ」

と言いながら、実際には「払う税金にしか興味がない」社長が少なくありません。

経費や役員報酬の額を調整して帳尻を合わせ、所得をできるだけ抑えることが決算だと勘違いしている社長がたくさんいます。

税理士がまとめてくれた決算書を税務署に提出すれば、それで「年に一度の大仕事は終わり」、あなたもそんな次元の低い経営者ではありませんか？

それより大切なのは、決算書から会社の実態を読み取り、改善点を探ることです。

例えば、毎月の人件費総額が500万円だとします。

それを上回る売り上げが確保され、人件費の支払いは余裕でクリアできる。「だから問題なし」、それで終わりにする社長が、会社を伸ばす可能性は低いでしょう。

それなりの経営はできるかもしれませんが、一生懸命働いている社員がこの先もやる気を持って働き続けてくれるか？　私は疑問だと思います。

人件費の総額は同じ500万円でも、これを社員にどう分配するかは大切なテーマです。

人件費の総額が決まっている中で、どう分配するか、どういう配分の仕方をするか。社長の腕の見せどころと言ってもいいでしょう。

会社には、正社員だけでなく、アルバイトやパートのスタッフもいます。彼らの貢献をどう評価し、分配するかも大切なテーマです。

分配の方法は単に賃金の額だけで決まるものでもありません。正社員に対して会社は社会保険料等の負担もしています。

これらも考慮した上で、パートやアルバイトも納得できる分配ができれば、会社の雰囲気は活性化するでしょう。

人事考課制度の導入も効果的

私は、「人事考課制度」を導入するのも、ひとつの効果的な方法だと考えます。

毎日2時間ずつ残業しているAさんとBさんがいます。

Aさんが相当な意欲と集中力で成果を上げているのは社内では誰もが認めるところです。同じ残業時間でも、その意味と成果はずいぶん違うと誰もが感じています。

実際、会社の売り上げに著しく貢献しているのはAさんのがんばりです。

最初の半年か1年程度は、同じ給与体系でよいかもしれません。けれど、**明らかに成果が違うとわかったら、AさんとBさん、それぞれに適した算出方法を工夫するほうが、会社にとってもメリットがありますし、貢献度の高いAさんに相応しい評価と報酬を与えることができます。**

もちろんBさんの基本給を下げることはできません。けれど、残業代として予算化してある額の分配方法を考慮するなど、人件費の総額は変えずに士気を高める分配方法を採る、これも「活気あるグレー企業」を作り上げるための大切なポイントです。

人事考課制度は、問題社員の対応にも有効

あらかじめ人事考課制度を導入していたのであれば、事件簿（3）の「働かない問題社員」に対しての有効な手段になります。

人事考課制度を有効に活用し、期首に目標を設定し、通常業務において指導・注意を行い、期末の時点で問題点が改善されない場合、「相応の判定をする」、さらに何ら改善されなければ「解雇」もできます。

第 4 章

Chapter Four

「グレー企業」のすすめ②
残業代の対応

「残業代は給与に含まれているんだ」

何年か前ならば、社員と社長が人間的な信頼関係を保っている会社の社長が、

「残業代は給与に最初から含まれている。毎日2時間程度の残業は当たり前、その分を余計に払ったりはしないよ」

と言えば、社員も特に文句は言わず納得したでしょう。


中小企業、いえ企業とは形式だけで実際には個人商店的な商売ならなおさら、

「忙しい時、社員が余計に働くのは当たり前。いちいち残業代なんて付けないし、社員も要求しない」

「あらかじめ、その分も給与に含まれているのだ」

という了解がお互いにあったかもしれません。


ところが、もしいま何か問題が生じた時、口約束や慣習だけを根拠に社長がこの

ような主張をすれば間違いなく非難され、「ブラック企業」のレッテルを貼られるかもしれません。

「そう言われても、余計な残業代を払ったらクビが絞まっちゃうよ」

社長たちの悲鳴が聞こえてきそうです。

残業代は給与に含まれている、という社長の主張は通らないのでしょうか？

いいえ、そんなことはありません。

大切なのは、「先に手を打っておくこと」。つまり「口約束の内容を法律に見合った形式に置きかえておくこと」です。その方法が第2章で書いた「就業規則できちんと決めておくこと」なのです。

この場合で言えば、社長があらかじめ就業規則の中に明快な賃金規程をつくっておくことで対応できます。

口約束の内容を具体的な賃金体系に置きかえて説明しましょう。

小売業をしている会社で、社長は新入社員に対し22万円位の給与を支払おうと考えています。閉店時間を決めてはいるものの、お客さんがいると対応しないといけないので、毎日最低でも2時間の残業を見越しているケースです。

この給与には、毎日2時間の残業代を含めないといけません。そこでちょっと頭を働かせます。毎月の労働日数は週休2日で概ね21日間です。正規の労働時間8時間に対する賃金は1日8000円、これに2時間の残業代を加えます。

時給計算をすると1時間1000円ですから、これに残業代の1・25を掛けると1250円。残業代は毎日2時間で2500円になりますから、残業代を加えた1日の給与は1万500円です。

月21日で計算すると給与額は22万500円になります。つまり、給与の内訳は、基本給が16万8000円、定額残業手当が5万2500円です。

社員にも採用時にきちんとこれを説明しておけば問題ありません。決して違法でもありません。

もちろん、月間42時間（21日×2時間）の残業時間を超えたら、その分は別途、単価1250円を支払います。

賃金規程に「定額残業手当」を設けて「実際の残業の有無に拘わらず、1ヵ月42時間分の残業手当を支給する」とするのです。社員の従事する職務によって1ヵ月のみなし時間を変えることも可能です。残業の多い会社であれば、このようにするとよいでしょう。

ただし定額残業制度の導入など、途中で賃金体系を変える場合、社員の理解を得ないで会社が強引に決めたらアウトです。社員の合意を取ることが求められます。会社が一方的にした場合は、「不利益変更にあたる」とされていますので注意が必要です。

ここまでの定額残業は、実際の残業の有無に関係なく、あらかじめ決めた時間までの残業代を事前に支払うという考え方でしたが、定額残業のもうひとつの考え方に、「実際の残業代の補完」があります。

モチベーション維持のため、やった時間の残業代を払うのですが、残業単価を本

来の単価より低く設定します。

本来の残業単価が1500円の場合、残業単価を1000円とすれば500円安いのですが、定額残業代を月2万円つけておくと、500円の40時間分はすでに払っていることになります。そのため、40時間まではこれで対応できるのです。

社員にすれば、「すでに払ってあるから」と言われ1円ももらえないのでなく、残業した時間分の残業代が上乗せされれば、単価が安くても働く励みになります。

定額残業手当があるかないかで、こんなに違う!

いわゆるホワイト企業ならこのような手を使わず、当然に残業したらその分を上乗せして払うでしょう。

さきほどの例で計算してみましょう。

給与の22万5００円をすべて基本給で支給したとしましょう。時給1313円に

1・25をかけた1642円が1時間の残業代。毎日2時間ずつ残業したら21日間で残業代が6万8964円になります。基本給と合わせたら29万円弱です。

社員にとっては大きな増収、けれど中小企業にとってはかなり厳しい出費になるでしょう。利益が大幅に縮小し、毎月の経営計画が破綻しかねません。

ホワイト企業を目指すのは現実的に無理。だから、ブラック企業と呼ばれ、経営が行き詰まる前に、グレー企業の路線を目指して対策を講じることが賢明です。

就業規則や賃金規程に明記しない状態で、もし労働基準監督署の指導が入ったら、待ったなしでこの金額を社員に払うよう求められる可能性があります。

しかも、どれだけさかのぼって払うよう命じられるか？

最近の実例では、「最高2年間」さかのぼって支払いが命じられています。

2年間ですよ！ 計算するまでもなく、血の気が引くでしょう。

ひとり6万8000円強の残業代、社員10人なら1カ月で68万円、仮に2年間なら1632万円です！

考えただけでゾッとしませんか。でももし裁判になったら、2年という数字は当たり前なのです。

だから、就業規則をつくり、賃金規程を明確に定めることがとても重要です。

「でも本当に、会社に都合のいい就業規則を社長がつくっていいの?」

疑問の声が聞こえて来そうです。

答えは「イエス」です。

労働基準法など、上に位置する規範に違反しない範囲であれば、社長はどんな就業規則をつくることも認められています。

ただしその後、労働組合ができて、団体交渉をして決めた労働協約に反する部分は無効となりますから、注意しましょう。 でもすでに例示してわかってもらったとおり、法令の範囲内でもかなり社長を守る規定が設けられます。ここが、「グレー企業をつくるための一番の鍵は、労使トラブルのリスクを回避する就業規則の作成です！」

と、私が力説する根拠です。

採用する際に、社長が定めた就業規則を提示し、合意の上で採用したのであれば、お互いにその就業規則が基準となります。

何かトラブルが生じ、互いに話し合う場合でも、第三者の調停や裁定を受ける場合でも、まずその規則が判断の基になるのです。だから、社長は徹底的に吟味して、通常起こりえるあらゆる場合に備えた規則をつくっておくことが重要です。

「そんなのあり？」

「そんな勝手な規則で通用するの？」

いざ紛争が起きた場合、ついそう言ってしまいそうな規則でも、法令の範囲内なら通用するのです。だからこそ、社長は先に、自分の会社を守るための就業規則をつくっておかない手はないのです。

就業規則の効力が認められるための基本

就業規則は、「常時、各作業場の見やすい場所に掲示するか備え付ける」よう決められています。

もしこの規定どおりに管理されず、**就業規則が鍵のかかったロッカーや金庫などに入れられ、社員が自由に見られる状態になっていなかった場合は、就業規則の効力が認められない可能性がありますので**、注意してください。社長室に置いてあるのは、誰もが自由に見られるとは言えません。

社内のパソコンで見られるようにしておく方法ならＯＫです。

誰もが閲覧できる場所に置いてさえあれば、社員全員に就業規則を配布する必要はありません。大切なのは、きちんと就業規則を「周知する」ことです。周知されていれば、有効です。

「名ばかり管理職」は避ける！

ブラック企業の問題が社会的に注目されたきっかけのひとつに「日本マクドナルド事件」がありました。

「管理監督者には当たらないから、過去の残業代を払え」と訴訟した店長の例です。労働基準法上の「管理監督者」は、労働時間、休憩、休日の規定は適用されません。すなわち、残業代は支払う必要はないのです。

通達上の基準では「部長・工場長等の労働条件の決定、その他の労務管理について経営者と一体的な立場にある者」となっており、具体的には①職務内容、責任の権限、勤務態様、②賃金等の待遇面で、管理監督者に該当するかどうか判断されます。

会社側は、「店長は管理監督者」と主張しました。結果、裁判では会社が敗訴し、残業代の支払いを命じられました。

いまはこのように、会社側に厳しい逆風が吹いています。それだけに、きちんと対応準備し、社長の身勝手な論理で突っ張らないことが大事です。

重要なのは、「部長、マネジャー、店長など、誰が管理監督者なのかを会社で実態に即してきっちり定義し、就業規則で明記する」「管理職には、余計な手当をつけず、その代わり、管理職手当をしっかりつける」ことです。

世間では、「管理職になって給料が減った」という話をよく聞きます。残業代の分が減るからです。

でも本当はおかしな話です。労働基準監督署が来て調査を受けても、きちんと説明できるよう準備しておきましょう。

管理監督者とは意味が違いますが、私は、「肩書き乱発もグレー企業の有効な戦略」と勧めています。

やる気のある営業社員を「営業課長」に任命するのです。「営業課長」が何人いてもいいじゃないですか。取引先はわかりません。

ただし、管理職ではありません。課長が管理職かどうかは、その会社が決めれば

よいことです。

名刺に「営業課長」と記されていれば、気分がいいし、モチベーションも上がるでしょう。

肩書きをそういう形で使って、社員の士気を高める方法もあるのです。

もちろん、「名ばかり管理職」と言われないように残業代もきちんと支払いましょう。

ホワイト企業は無理だから「グレー企業」を目指そう

ホワイト企業になれたらもちろん社員も社長も「超ハッピー」でしょうが、現実には難しいのではありませんか。

だから私は「グレー企業を目指す」路線を推奨しています。

改めて書いておきますが、「グレー企業」というのは「疑わしい会社」「規則破り

をしながら隠している会社」という意味ではありません。「社員に払うべき報酬があるのに払わずにいる会社」でもありません。

本当は、「もっとこんな条件なら社員はうれしいだろう」「もっと休めたら、もっと給与が高ければ、きっと社員の満足度は高くなるだろう」とわかっている。けれど、そこまではできません。

だから、理想どおりではないけれど、「この程度の条件で満足してください」「できる限り可能な条件は確保するから、みんなでがんばって会社を発展させましょう」という方向性を目指すという意味です。

グレーだからといって、法律違反でもなければ、違反すれすれという意味でもありません。この点はどうぞ誤解しないでください。

残業代にまつわる事件簿

誰かに密告されて労働基準監督署が調査に来る場合があります。

実は労働基準監督署長には「逮捕権」があります。

「労働基準監督署の署長室には手錠がある」というのは、私たちの間でしばしば口にする、いわば戒めの言葉です。

監督署の調査や指導には、決して安易に対応してはいけません。なにしろ、重大な法令違反が認められれば、逮捕される可能性もあるのですから。

例えばこんな事例がありました。

労働基準監督署の監督官が予告なしに来て、「賃金台帳を見せてください」と言われました。

タイムカードと照らし合わせ、就業時間と支払った残業代に誤差がないか、調べられました。そこはぴったりと合っていました。

監督官は次に、「社員のパソコンを見せてほしい」と言い、ログイン、ログオフの時間とタイムカードの時間のずれを調査しました。

その会社では、「タイムカードは、21時以降は打刻しない」と各部署で取り決めをしていて、21時までの残業代しか支払っていなかったのです。遅くまで残業していた社員が監督署に密告して調査に来たのです。

「後日、結果を伝える」と言って、監督官は帰りました。

この段階になって、社長が慌てて私のところに相談に来ました。私はすぐに助言しました。

「これは危ない、大変です。対応を間違えると送検される可能性もありますよ。各部署の慣習で上司が指示をしてやっていたこと、そしてそれを社長も黙認していたことを話しに労働基準監督署にすぐ行った方がよいでしょう」

そして早速、社長自ら監督署に行き、

「残業に対する認識が甘くて、すみませんでした。申し訳ありません。これからどのようにしたらいいか、教えてください」

と私が助言したとおり、謝罪しました。

担当の監督官は、「そういうことなら」と、「今までの残業代の差額分の支払い」「労働時間の適正管理」「長時間労働の削減」などの対応を指導しました。そうして、送検は免れました。

このように、**悪質とみなされて危ない場合は、「適当に報告書を書いて終わり」には決してできません。心して対応しなければ大変なことになります。**

それ以上に、このように各部署での成績を上げるために残業時間をカットするような習慣を改めるべきです。各部署の責任者が会社のためと思ってやっていたことが、逆に会社の首を絞めることになるのです。

定額残業＝「ブラック企業」は本当か？

いま世の中では、「定額残業（みなし残業）」＝「ブラック企業」のようなイメージも抱かれています。

企業は、法定時間内で仕事を終わらせなくてはならないわけではありません。残業や休日出勤をさせるためには、36協定（サブロク協定）をします。

36協定のことは、社長なら誰も知っているでしょうが、改めて解説しておきましょう。

労働基準法は労働時間や休日について、第32条で「1日8時間、1週40時間」と定め、第35条で週1回の休日の原則を定めています。

これに対して労働基準法第36条は、「労使協定をし、行政官庁に届け出た場合においては、32条、35条の規定にかかわらず、その協定に定めるところによって労働時間を延長し、または休日に労働させることができる」とし、残業や休日労働を行うことができると認めています。

この労使協定を一般に、第36条にちなんで「サブロク協定」と呼んでいます。

最近の傾向でいえば、労働基準監督署は定額残業手当を支払うのであれば何時間分なのか、実際には「何時間の残業をしたのか明確にせよ」という立場を取っています。

ブラック企業の問題が世間で騒がれるとき、定額残業が諸悪の根源のように報じられるのは「何時間分の残業代なのか、明確にしていなかったことと、それ以上に残業しても残業代をまったく支払っていなかったのが原因だ」と思います。

定額残業自体が悪いわけではありません。中小企業においては、定額残業を活用しないと経営は実際、厳しくなります。

労働契約を締結する、または労働条件を通知する際に、例えば「30万円の給与の中に、○○時間分の残業代が含まれている」等の内訳を明確にしていれば問題ありません。

「残業が○○時間を超えたら、超えた分の残業代を支払う」ことは当然のことです。いまは、「賃金台帳にもこれを詳細に表示する」のが最も問題のないやり方です。

定額残業をあらかじめ含めて手当として支給することは、残業単価を結果として下げる効果につながりますので細心の注意が必要です。

残業代の不払いを軽視したら命とりになる

このところラジオを聞いていると、「過払い金返還請求」を呼びかけるコマーシャルが花ざかりです。弁護士事務所、司法書士事務所などが、消費者金融業者に払い過ぎた利息の請求を代行するビジネスです。

数年前から過払い金の返還請求が多くの人の知るところとなり、最初は躊躇《ちゅうちょ》していた人たちもこぞって請求を考え、依頼するようになりました。

その結果、かつてあれだけ栄華を誇っていた大手の消費者金融業者が次々に経営難に陥り、外資や大手銀行の傘下に入ってその名前を残しています。

ここで私がこの話題を持ち出したのは、過払い金請求の話をしたいからではありません。

このビジネスは、ほぼ峠を越える見通しです。過払い金請求の成功報酬で新たなビジネスモデルを獲得した弁護士事務所や司法書士事務所は、過払い金に代わる次の鉱脈を探しています。

そのひとつが、「残業代の不払い請求ビジネス」だと言われています。

その話を聞いて、びくともしませんか？

過払い金請求が山のように届いて大手消費者金融が倒れた。その矛先が今度は中小企業経営者であるあなたの元に届く恐れがあるのです。

その備えは十分ですか？

請求を受けて、青ざめる心配はありませんか？

世の中はどんどん変わっています。いつまでも、中小企業の社長がワンマン風を吹かせて胸をそらしていられる時代ではありません。

危機感を持ち、普段から万全の備えを整える経営姿勢が求められる時代になっているのです。

第 5 章

Chapter Five

「グレー企業」のすすめ③

問題社員との正しい接し方

ブラック企業と呼ばれないために

社長にとっては「小さな問題」と思いがちなことが、いまは会社の根幹を揺るがす大事件になります。

日頃、顔を合わせる機会も少ない若手の社員たち、社長から見れば現場のコマにすぎないと思いがちな作業員たちを軽視したら、とんでもないしっぺ返しを食う可能性もあります。

いまブラック企業のレッテルを貼られて苦しんでいる会社の多くは、決して経営の中枢に関わる幹部社員の告発で世間の非難を浴びているのではありません。一社員の「残業代未払請求」や「過酷な労働条件の告発」などが、大きなうねりとなり、社会的な企業批判につながります。

会社からすれば、「きちんと話し合いの元に行っている」「社員の方にこそ問題がある」と主張できる場合も少なくないでしょう。

長く個人経営を続けて来た社長に、「自分は間違っていない」と考えがちな習性も身についていますから、「会社は悪くない」とまず考えるでしょう。

ところが、**たとえ「問題社員」でも、インターネットなどで彼らの主張が先に歩き出し、しかも世間が彼らを好意的に支持したら、それを覆すのは大変です。**いまはそのような時代になっているのです。

いまブラック企業と呼ばれる会社の多くも、こうした問題社員の行動をきっかけに、窮地に追い込まれています。

つまり、問題社員にどう対応するか。

彼らが、不満を外部に発信し、会社が被害を受けない対策を社長自身がしっかりと理解し、身につけておく必要があります。

一方的にクビを切る会社は「ブラック企業」と呼ばれる

「一方的なクビ切り」や「不当解雇」も、ブラック企業と呼ばれるひとつの要因です。

社員をモノとしか思っていないような経営者の姿勢が厳しく糾弾されます。このような社長の中には、

「一ヵ月分の賃金を払いさえすれば誰でもクビを切れる」と思っている社長がいます。それは大きな間違いです。

「解雇のルール」と「解雇の手続」は違います。

解雇のルールについては労働契約法第16条で、次のとおり定められています。

「解雇は客観的に合理的な理由を欠き、社会通念上相当であると認められない場合

は、その権利を濫用したものとして無効とする」

すなわち、合理的な理由のない一方的な解雇は、社長の解雇権の濫用で無効となります。

解雇手続き（解雇の予告）は労働基準法第20条で次のようになっています。

「解雇するときは、30日前に本人に予告するか、または、平均賃金の30日分以上の解雇予告手当を支払う」

つまり「解雇手続き」を踏んだとしても「解雇のルール」に反していると無効になるということです。

理解してほしいのは、このふたつを都合よく一緒にして、「1ヵ月分の賃金を払えば誰でもすぐに解雇できる」と勘違いしてはいけないということです。

相手は組合から個人に変化している

かつて労使の問題は、経営者側対組合の関係で議論が行われ、時に紛争に発展したものです。

一社員が個人で会社に何らかの要求をし、訴訟をする例は主流ではありませんでした。ところが昨今は、世相の変化にともなって、個人で会社を相手取って争う事例が増えてきました。

社長は、組合というひとつの組織と交渉し妥結すればよかった時代から、より細かな気配りと対応を求められる時代に変化しました。これを直視し、覚悟を決めて取り組む必要があります。

個人の中にも、はっきりと名乗って要求を突きつけてくる者だけでなく、匿名でインターネットに会社批判を書き込む「見えない個人」もいます。

匿名の中傷などは法的な力を持ちませんが、その内容が確からしい感じならば、書き込みを発端に話題が広がったら、たとえ書き込みが事実でなくても会社のイメージや信頼が損なわれる恐れがあります。

少し前に頻発した、非道徳的な写真を店内で撮影しネットにあげるイタズラなどは、たとえ匿名でも写真という動かぬ証拠とインパクトがあるため、命取りになります。

欠勤を繰り返す社員がいたら

合理的な理由のない無断欠勤は、労務提供義務の不履行にあたります。

就業規則で「ルール」を整備しておくことによって、欠勤を繰り返す社員に対して、会社は規則に基づいた対応をすることができます。定めがないと、「懲戒処分」も「解雇」もできません。

欠勤の理由が合理的でない場合は改善を求めます。

会社は、処分のプロセスを踏むことが必要です。その第一歩が「ルールづくり」、すなわち、就業規則をつくることです。

病気がちで働けない社員ともめないために

一度雇用した社員は、よほどのことがない限りクビにできない、と思っている社長も多いようです。

決してそんなことはありません。

けれど、方法を誤れば、不満を抱いた元社員が訴訟を起こす、インターネットを通じて会社批判を発信するなど、会社にとって面倒な行動につながりかねません。**問題社員をやめさせるときには、細心の注意を払い、誠意をもって対応することです。**

かといって、及び腰になる必要もありません。毅然とした態度で、定めに従って対応するのが基本です。後にもし不満を告発されても、会社がどのような理由とプロセスで解雇させたかを伝えれば、世間もどちらの言い分が正しいかはわかってくれるはずです。

この場合も大切なのは、就業規則の中にきちんと「解雇」について規定しておくことです。

たとえば、次のように規定しておきます。

（解雇）
会社は、次の各号の一に該当する場合は社員を解雇する。
（1）精神または身体の障害により、業務に耐えられないと認められるとき
（2）病気等による欠勤を繰返し、安定的な業務の遂行ができないとみとめられるとき
（3）協調性がなく、注意および指導しても改善の見込みがないと認められるとき

（4）会社の業務指揮命令に従わずに独断的に解釈または行動し、注意しても改善の見込みがないと認められるとき

私が経営指導する会社の就業規則は、このあと（15）くらいまで、細かい規定を定めています。

専門家の指導を受けて就業規則をつくった場合は、このような規定は間違いなく定められているでしょう。ところが、お互いの口約束だけで雇用しているような会社だと、こうした取り決めがなく、いざ問題が発生したときに厳然と対処できない場合が少なくありません。

右に挙げた解雇理由は、社員にとってはいずれも厳しいものです。会社の温情を期待し、解雇は避けてもらいたいと望むでしょう。けれど、働けない社員、業務に支障をきたす社員を雇い続ける余裕は、中小企業にはありません。

たとえ厳しくとも、すっぱりと断を下す姿勢がなければ会社を守れません。これがグレー企業のスタンスです。

（1）の規定には「精神または身体の障害により」とあります。従来は（1）の規定のみ、障害の定義が曖昧で、よほどのことがないと通用が難しい現実がありました。そこで（2）の規定を入れています。

これについては、採用の際にも十分に説明しておくことが大切です。例えばこのように話しておくのです。

「少ない社員で業務をしているので、病気で欠勤を繰り返す社員をそのまま雇い続ける余裕はうちの会社にはないのです。わかりますよね」

義理に厚い社長はなかなか「解雇」を通告できません。

しかし、もし情にほだされてその社員を守ったら、会社にとっては重荷です。他の社員にも悪影響を及ぼします。こうした社員がひとりでなく複数になれば経営に支障をきたします。

社員の労務提供義務が不完全な場合も、解雇はやむを得ないのです。

精神疾患になった社員に、会社はどう対応すればよいか

第1章の事件簿（2）で紹介した、男性社員Aさんの事例を思い出してください。それまで真面目に働き、会社に貢献してくれていました。ところが、結婚生活のストレスなのか、結婚してから勤務態度も変わり、次第に周囲からも「Aさんは最近どうもおかしい」の声が上がり始めました。

やがて本人から診断書を添えた休職願いが出されましたが、社長とAさんが懇意だったせいもあり、すっぱり解雇できないままに長い年月が経ってしまったという事例です。

その会社には、就業規則がなく、はっきりした休職規定も解雇規定もありませんでした。

家族からすれば、

「いままで長年、会社に尽くしたのだから、少し時間をくれてもいいだろう」

というのが、正直な思いでしょう。けれど、社長は会社を守らねばなりません。

本来は、就業規則に定めた休職規定にもとづいて処理すればよいのです。

この社長も、先に紹介した解雇規定と合わせて、次のような「休職規定」を定めておけば、たとえ父親と懇意だったとしても、きちんと説明して、問題なく対応できたのです。

（休職）
社員が次の各号の一に該当するときは、休職とする。
（1）業務外の疾病により欠勤が、継続または断続を問わず、日常業務に支障をきたす程度が続くと認められているとき
（2）精神または身体上の疾患により労務提供が不完全なとき
（以下略）

事件簿（2）の男性社員Aさんも、休職に該当します。休職期間がスタートし、復職できなければ自然と退職になります。

ルールにもとづいて「自然退職」となる

従来の就業規則では、連続して1カ月休んだら、休職とする規定がほとんどでした。心身を患うと、周囲の理解を超えた行動も起こりがちです。中にはきまぐれな問題社員もいます。

ポツポツと会社に出てくる、いつ休むかわからない……。そういう場合に備えて、先ほど紹介した休職規定の（1）で「欠勤が、継続または断続を問わず」と規定しています。

そして、残念ながら、休職期間中に回復が見込めず復職できない場合には、自然退職となり、会社を離れてもらうしかありません。

休職期間は、あらかじめ次のように明確に定めておきます。

（休職期間）
前条の規定する休職期間は次のとおりとする。
勤続年数が３年未満の社員は２ヵ月
勤続年数が３年以上の社員は３ヵ月

もちろん休職期間に決まりはありませんから、社長が自由に決めてかまいません。
それが、就業規則の「ルールづくり」です。

復職には「複数の診断書が必要」とする

復職するときには、通常、社員は医師の診断書を持って来なければなりません。
「もう回復したので、問題なく働けます」という趣旨の診断書です。
しかし、これで簡単に証明できたと扱えないよう準備しておく方が間違いありません。

なぜなら、医師は患者の求めに応じて、案外容易にこの種の診断書を書いてくれるからです。医師と親しい患者ならなおさらです。

社長はそこに防波堤を張っておく必要があります。

そこで就業規則には、

「会社は、必要により会社の指定する医師を含めて2名以上の医師の診断書を必要とする」

と規定するのです。そうすれば、本当に社業に戻れる程度に回復したのかどうか、会社の立場で判断もできます。

決して「なんとか社員をやめさせたい」わけではありません。「実は精神疾患が完治していない社員を雇い続ける余裕は多くの中小企業にはない」ということです。

会社はボランティア団体ではありません。同じ病気でまた休まれたら会社の損害は大きくなります。

休職についても、様々な「ルール」を会社が、「会社を守るために」設けることができます。

「私傷病で休職の場合は、休職中は治療に専念すること」
「復帰後○ヵ月以内に同一ないし類似の事由により欠勤した場合、復職を取り消し、直ちに休職させる」

休職中でも「社員」であればコストがかかる

休職期間中たとえ賃金を払わないでよいとしても、雇用関係がある以上、会社は社会保険料を半額負担しなくてはなりません。

この金額は、経営者にとっては決して小さな額ではありません。滞納すれば高利率の延滞金が請求される上に、厳しい取り立てを受けます。

本来は社員一人ひとりの給与から天引きして預かった金額ですから、「あるはずのお金」ですが、経営状態が苦しく、運転資金の調達に汲々としている会社はその預かり金を経費支払いに充てたりします。帳簿上はあるはずのお金でも、実際には手元にないお金なのです。

そうなると、いずれ預かった金額の支払いが必要となり、社会保険料の支払いが経営を圧迫する事例も出てきます。

そんな経験のある社長なら、少しでも社会保険料の額を抑えたいという思いは切実でしょう。

給与を払わなくても人を雇っている以上、幾ばくかの経費負担があるのです。中小企業は大企業と違って、大らかに社員の健康回復を待つことができません。

「ノーワーク、ノーペイ（働かないものには払わない）」

この原則を当たり前にしなければ、中小企業は生き残れません。それが、「グレー企業」になるための鉄則です。

入社するときは自分のことだと思わない

このように細かい就業規則を制定していても、大半の社員はそれほど抵抗を感じないものです。

なぜなら、入社するときは誰しも、自分が精神に障害を起こすとも、大きな病気を患い働けなくなるとも想像していないからです。そのときはまさか「自分の問題だ」とは思いません。

それに、入社時は会社に入りたい気持ちが強くて、多少「会社に優位な規則かな」と思っても、強く説明を求めることも、まして改定を求める新入社員などは通常は誰もいません。

従来は、「差し障りのない規定」にとどめて、あとは「解釈の問題」で対処するという姿勢が主流だったのですが、いまは「できるだけ詳細に規定して会社を守ること」が、「リスク回避のために重要だ」という姿勢だという認識に変わっています。そこが「グレー企業」のグレーたるゆえんと言ってもいいでしょう。

ホワイト企業なら、もっと社員に寛容な姿勢でもやっていけるでしょう。けれど、中小企業は社員にいい顔をしすぎたら会社が行き詰まってしまいます。

まさかと思う優秀な社員が状況によって変わる場合もある

先に挙げた「解雇」の規程の中に、

（3）協調性がなく、注意および指導しても改善の見込みがないと認められるときとあります。これなどは、問題が起こる前の段階で読むと、「かなり抽象的な規則」のように感じます。だから入社時には、（まあ、自分は協調性も人並みにはあるし、特に気になる規則じゃないな）と多くの人が思うでしょう。

ところが、いざ何かが起こると、この規則は非常に幅の広い、適用性の高い規則になります。

例えば、普段は協調性の高いCさんが、ある出来事で上司と衝突した事例がありました。

Cさんにとっては「会社のためを思って」正義感から主張したのです。ところが、「命令に従わなかった」と受け止めた上司の逆鱗に触れました。

すぐにどちらか譲歩すればよかったのですが、ボタンの掛け違いか虫の居所が悪かったのか、双方とも意地を張り、激論になってしまいました。口論の中でさらにカチンと来る指摘もあってますますCさんは徹底抗戦の構えに入りました。

同僚社員の中には当然、Ｃさんの味方をしてくれる仲間もいましたが、公然とＣさんを擁護すれば自分も会社から睨まれることになるので、Ｃさんは次第に孤立して行きました。

協調性を持っているはずのＣさんが、些細な出来事から協調性のない社員になってしまったのです。結局、業務に支障をきたすようになり、会社はＣさんの理解を得て、解雇しました。

会社側からすれば、面倒な問題が起こって収拾できない状況に陥ったとき、火種をくすぶらせたまま問題社員を会社に残すより、社員を解雇して上司にやり直す環境を与えたほうがスムーズな場合があります。

労働契約は、集団的労務提供を前提にしています。

企業は「共働」の場です。円滑な企業運営のためには、必然的に協調性が求められます。業務に支障を及ぼす協調性の欠如で解雇されるのは仕方がありません。

社長の強い思いのこもっている規定があれば、とくに採用時に社長から社員に説明しておくことも大切です。例えば、次のように話しておくのです。

「会社はもちろん成果を上げる必要がある。だけどね、営業成績が高ければ周りの社員と仲良くしなくてもいいというのは違う。以前、そういう社員がいて、会社の雰囲気がすごく悪くなったことがある。そんな思いはもうしたくないのだ。だから、このような規定が就業規則に盛り込んであるのです。うちの会社はね、和やかに、みんな仲良くが基本だからね、よろしく頼みます」

やる気のない問題社員が増えている

「最近の若者は、どうにもやる気がなくて、オレたちの時代と違うよな」

そんな嘆きは年配の社長たちに共通の思いです。

「朝になって平気で休むと連絡してくる。中には昼になって会社に出てきて、謝るでもない。まったく、社会人としての自覚なんか全然ないのだ」

こういう問題社員に悩まされている社長は年々増えているでしょう。

怠慢社員はすっぱりクビを切ればいい、という社長もいますが、明確な根拠を持たない場合はそう簡単に行きません。

社会が多様化している昨今、昔のように「朝まで飲んで会社に来ない」だけでなく、「朝までゲームにはまって寝坊した」や「LINEに熱中してやめられなかった」などといった、子どものような大人も少なからずいます。

ネットにはまっている若者はその方面に詳しいですから、いざ会社ともめた場合の屁理屈もネットから情報を得て、一筋縄ではいかない場合が多々あります。働かないけれど、理屈だけは立派なのです。

それだけに、一方的な解雇通告などしようものなら、会社が逆に槍玉に挙がります。

世間を賑わせている「ブラック企業」の話題の中には、確かに「とんでもない会社」もたくさんありますが、このようなからくりで「濡れ衣」を着せられた例もないわけではありません。

あなたの会社も、ブラック企業と名指しされる前に準備をしておきましょう。

「解雇」の条文の中には通常、

「試用期間中の者で、社員として不適格と認められるとき」

という規定があると思います。

右に挙げた「やる気のない問題社員」の例は、試用期間中に発覚する場合が大半です。入社試験や面接で「この人材は見込みがある」と採用したものの、実際に雇ってみると口先と行動が全然違った、という例は少なくありません。

そのような苦い経験をした社長はきっとおられるでしょう。むしろ、「自分の目に狂いはない」「採用した社員はみんな見込みどおりで、間違ったことはない」と胸を張って言い切れる社長は少ないでしょう。

そこで、「試用期間中の者で」と前提を示し、「不適格と認められる」事例を具体的に示すのです。

例えば、次のように規定します。

（1）必要な業務を修得する能力がなく、また改善の見込みがないとき
（2）会社の提示に従わない、勤務態度が不良、協調性がない、または仕事に対する意欲がないとき
（3）遅刻、早退、欠勤が多く、また休みがちである等、出勤状況が悪いとき
（4）面接時に述べた事項と著しく相違しているとき
（5）健康状態が悪いとき

これでだいたい、会社が迷惑を被るような問題社員は正社員に登用せず、本採用

を見送ることができます。

新規採用は、社長だけなく、ベテラン社員の目を活かす

多くの会社では、試用期間が形式的になり、期間がくれば自動的に本採用になるのが当たり前のようになっているかもしれません。

ところが、右に挙げた例でもわかるとおり、実際には試用期間中に問題社員だと判断できる場合が多々あります。

グレー企業を目指すあなたの会社では、試用期間中の評価を重視し、安易に正社員に採用しない方針を徹底してください。そうすれば、問題社員に悩まされる恐れはかなり軽減できるでしょう。

中小企業では、採用の最終判断を社長がする会社も多いと思います。しかし、あなたの会社を守るためには、「社長の目」だけを判断基準にしないこともひとつの

方法です。

新入社員を、試用期間中にベテラン社員と一緒に仕事をさせ、信頼できるベテラン社員の目と判断を聞くのです。

彼らなら、現場で一緒に働いた実感を正直に伝えてくれるでしょう。ベテラン社員がもし、「一緒に仕事がしにくい」「何か、うちの会社には合わない感じがする」といった感想を抱いたら、本採用しないのもひとつの方法です。

本採用しない場合は配慮が必要

試用期間中に不適格と判断したら、「本採用しなくてもいいのですよ」と助言すると、多くの社長はこう言います。

「そうは言ってもねえ、3ヵ月も働いてもらうと、けっこう仲間意識も生まれるし、ダメはダメなりに、仕事のパートを担うようになるから、すっぱりと切りにくいんだよ」

確かに、それは理解できます。

けれど、そう言っているうちにすっかりわがままになり、そのうち問題社員化したら手遅れです。

例えば、4月1日に採用した社員を試用期間が満了する6月末に「本採用を見送る」なら、あらかじめ通知する配慮が大切です。

試用期間満了日にいきなり「採用見送り」を伝えるのは非情です。

事前に問題点を示し、教育・改善のプロセスを踏んで、ダメなら「採用見送り」と判断し、少なくても1ヵ月前には通知します。

明らかな問題行動がなく、互いに指摘し指摘された認識や経緯がなければ、納得してもらえず、後に問題が起こることも懸念されます。

その社員から、「会社が忙しい2ヵ月間だけ、本採用のエサをちらつかせて働かせたのか！」と抗議されても仕方がありません。そのような事情があるので、自動的に本採用になる会社が多くなるのでしょう。

では一体、これをどう解決したらよいのでしょう。

決して難しい問題ではありません。

「2週間ルール」を知らない社長が多い

労働基準法の中に、「試用期間中14日以内の者を解雇する場合は解雇予告がいらない」という一条があります。

雇用のミスマッチはよくあることです。

そこで、採用から14日以内であれば、会社も社員の側も、労働契約を取り消せるという決まりがあるのです。もちろん、「何の理由もなく」というのは認められませんが、採用の際、会社から十分にこれを伝え、互いに了解しておくことは大切な基本です。

「うちの会社に合わないと思ったら言ってください。理由は不要です。その代わり、こちらもあなたが当社に合わないと感じたら、そのように伝えます。いちいち理由は告げませんが、理解してください」

という了解です。

ですから、**新たに採用した社員を正式に雇用するかどうかの判断は、「3ヵ月の試用期間中」ではなく、一般に「2週間ルール」と呼ばれる「14日間のうち」にするのです。**解雇にかかる手当も不要です。

ただし、14日間を過ぎると前述した解雇の手続きが必要となります。

この2週間ルールを知らない社長が案外たくさんおられるようです。これはしっかりと覚え、活用してください。

もちろん、誰でも切っていいわけではありません。

客観的にきちんと説明し、第三者に理解してもらえる理由がなければ、不当解雇と言われても仕方ありません。

いずれにせよ、3ヵ月より2週間で決断した方がずっとけじめをつけやすいのは間違いないのです。

勤務態度が変わってしまった正社員への対応

試用期間中にはわからなかった不足や不適格もあるでしょう。

何年か経ったあと、社員の生活環境の変化によって人間性や生活のリズムが変わったという場合もあります。

とくに結婚、出産によって「人格が変わったのではないか」と思えるほど変化する社員がいます。

奥さんの尻に敷かれ、「早く帰って来なさい」と毎日怒られる男性社員は、結婚前のように平気で残業し、時間を気にせず夜遅くまで営業先を訪問することをためらうようになります。

あれほど真面目に会社のために尽くしてくれた女性社員が、子どもを産んだ途端に、「会社より子どもが大事」とばかり、ことあるごとに欠勤を繰り返すようになった……。という例もあるでしょう。

それが許容の範囲を超えたとき、会社はやはり厳しい判断をしなければなりません。

そのような状況を想定していなくても、いまある条文に照らして適正に対応する会社の考えや思いを伝えて、何とか従来通りの働き方にならないかを話し、粘り強く指導・改善させます。それでダメなら解雇もやむをえません。

就業規則に「労働条件」以外に「職場のルール」を規定する大切さがおわかりでしょう。社員に遵守させる義務をわかりやすく解雇規定や服務規程に折り込むのです。

就業規則の解雇規定や服務規定は一度決めたら変更できないものではありません。様々なケースに対応できるように、毎年改定することも可能です。

技能が期待どおりでない「エキスパート採用」の社員への対応

一定のスキルを前提として採用した社員が、雇ってみると実は望んだレベルの技術や能力を有していなかった場合があります。専門技能を期待して採用した社員がその役に立たなければ、会社にとっては本来採用する必要のなかった人材です。不足がわかった時点で整理するのが当然です。

最近はネット環境の急速な発展と普及で、ネット技能を持った社員が会社の中でも重要な役割を占めるようになりました。

ネットに疎い中高年の経営者には「何が何だか全然わからない」知識が、経営に欠かせない中核を担う時代になったのです。

会社のホームページやブログ、フェイスブックなどを開設するのは半ば当然になりました。広告も以前はテレビやラジオ、新聞、雑誌、あるいは折り込みチラシといった媒体が主流でしたが、いまはネット広告やメルマガ、メール対応などが重要な広報ツールになっています。

「一体、わが社にはネットのバリエーションの中のどれが相応しいのか？」

それを判断することさえ、まったくわからないという社長も少なくないはずです。

正直なところ、我々のような立場の人間でも、そのあたりの理解や先見性は、ネットを熟知し活用している若い世代には叶いません。

会社の中に、専門技能とまでいかなくても、ネットに関する情報収集、的確な戦略づくりをしてくれる社員がいたら大きな戦力になります。そう考えて採用した社員が、実は期待していたほどの能力の持ち主ではなかったという心配は大いにあります。

何しろ、採用する社長がよくわかっていない分野、有能かどうかを判断する基礎知識も怪しいのですから。

以前はそのような採用は少なかったでしょう。社長は取り扱っている商品や事業についてはエキスパートで、社長が知らないことはない、というのが中小企業のたいていのパターンです。

新しい技術や商品が開発されても、だいたい説明を受ければ理解可能だったでしょう。ところが、ネットについては本当にブラックボックスのような感覚かもしれません。ですから例えば、解雇条文に、

「特定の地位、職種または一定の能力を条件として雇入れられた者で、その能力および適格性が欠けると認められるとき」


といった一条を入れておき、見込み違いだった場合に備えることも大切です。

この条文を入れることで、一般社員だと「教育」が必要となるところ、エキスパート採用については「教育」を省くことができます。

休暇を取りたがる社員への対応

昔は「働かざる者、食うべからず」の格言どおり、余暇より仕事、家庭より仕事が当然優先されたものです。今は、そのような主張をすればバッシングを受けます。ワーク・ライフ・バランスを尊重し、家庭の平和と満足を前提に仕事があるという考え方が社会の基本になっています。そのような世相の変化につれて、休暇を取る感覚も大きく変わってきました。

社長も、それに対する頭の切り替えが求められています。

ホワイト企業では、男女を問わず様々な休暇を保障しています。

産休、育休はもはや女性だけのものではなくなりました。男性社員も育休を取る時代です。以前なら、有給休暇の範囲で個人が判断し調整したものです。

ところが、有給休暇とは別に様々な休暇が正当な権利として認められる時代に

なったのです。それを全部否定して、

「うちは中小企業だ、そんな休暇なんか認めるか」

と一喝したら、途端に「ブラック企業」のレッテルを貼られてしまいます。

そうは言っても、生理休暇だ、忌引だ、子どもの入学式だ、等々。

「全部認めたら、会社が成り立たないよ」

それが経営者の本音でしょう。

こうした要求にはどう対応したらよいのでしょう?

新たに起業したIT関連の会社と就業規則の打合せをしているとき、その会社の社長が、「特別休暇も無給にしたい」と言い出しました。

特別休暇とは、忌引きや結婚の際の休暇で通常は有給です。

「自分の業務に支障がなければ忌引きも何日与えてもいい。ただし、無給で」と言うのです。この考えはとても参考になりました。

有給休暇は、あくまで法令の範囲で認めます。もちろん「有給」です。その他、法令で定められた休暇やそれ以外の特別休暇は「無給」にすることができます。その代わり、申請された休暇はできるだけ認めてあげるのです。

社員だって、休みたい、でも給与が減りすぎるのも困る。自分で判断し調整します。それほど過剰には休みません。

もし休むとしても、出社している中で与えられた仕事をこなし、会社全体の業績に影響を与えるような遅れが生じないよう留意するでしょう。

欠勤が多い社員は問題ですが、会社の売り上げと社員の出勤日数は正比例するわけではありません。休んでもそれほど成果に影響しない業種ならとくに、休暇は大いに認めたほうが社員の士気は上がり、愛社精神も高まるのは間違いありません。

昔は、法令で定められている休暇を就業規則に載せることを拒否する社長が多くいました。

本来は保証する必要があるのですが、その休暇を取られるのが嫌だったからです。

今は、法令で定められている休暇はもちろん、与えられる休暇すべてを載せて、有給なのか無給なのか、明記するのが望ましい方向です。ただしもちろん、グレー企業の場合は「無給」です。

休暇は望み通りに認める。ただし「無給」で

法令で定められた休暇のほか、裁判員裁判の裁判員に指名された場合の休暇の規定なども盛り込みます。

これを見れば、「グレー企業」どころか立派な「ホワイト企業」並みの待遇だと思いませんか？

ただし、すべて「無給」というのがポイントです。会社は休暇を保障する代わり、人件費の支払いをその分、免除されます。

必要な労働力を一定量失うことは事実ですが、人件費を払わないことでダメージを最小限に抑えることができます。

あらかじめ計算することができれば、休暇を取る社員に替わる非正規雇用の対処

も当然できるわけです。しかも、無給になる分の予算を充てれば、総人件費は増えません。

育児休暇のように、かなりの長期、かなりの日数に及ぶものも中にはありますが、それまで長く会社に貢献した有能な人材であれば、その間の痛手はあってもその人材を失うより一定期間耐え、いずれ戦力として復帰してもらうほうが長い目で見たら良いでしょう。

しかも、休んでいる間の賃金は払う必要がないのです。

冷たい会社という印象を持たれることは決してプラスではありません。何かあったときに「ブラック企業だ」と騒がれる温床になってしまいます。

普段から温かな印象を持ってもらい、「ホワイト企業」と絶賛されないまでも、立派な「グレー企業」として社員に愛されるよう心がけることが社長の基本姿勢であるべきです。

だから就業規則は重要だ

グレー企業になるために、「就業規則がいかに大切か」。この本で繰り返し力説してきた意味がわかっていただけたでしょうか？

何かトラブルが起こり、社内に問題社員が生まれた場合、就業規則がないと社長は完全に振り回される恐れがあります。社会の風潮は、個人の権利や考えを尊重する傾向にあります。

その常識でトラブルを裁かれてしまったら、会社にとって不利な裁定が下る恐れは残念ながら大きいでしょう。

けれど一方、就業規則を定めておけば、その規則が会社を守ってくれるのです。そして何度も言いますが、就業規則が「社員全員、自由に閲覧できる状況」、すなわち「周知されていること」が重要です。

特別休暇の規定で書いたように、例えば忌引きの有給・無給は社長の自由です。社長の意志を存分に反映した就業規則がトラブルの際に社長自身の強い味方になってくれます。

いま起こりえる様々な事態にできるかぎり対応し、具体的に会社を守る「ルール」や社員の義務を就業規則に込めておくことは、グレー企業として会社を繁栄させ、永く経営するための確固とした基礎となります。

問題社員への指導は必ず文書に残す

社員がトラブルを起こした場合、服務規定違反などがあって注意をした場合、口頭だけで終わらせてはいけません。必ず文書に残しましょう。

始末書、反省文など、本人に書かせるのです。口頭による注意だけでは証拠が残らない上に、当事者本人もその問題を軽くとらえがちで、自覚も意識も高まらないからです。

注意をする際は、ひとりではなく、ふたり以上の上司と担当者が立ち会うことも大切です。ひとりでは個人的な注意だと勘違いされる恐れがあります。後でそう主張される可能性もあります。担当者が注意する場合も、上司が同席し、一緒に注意します。

後々、問題社員を解雇すべき状況になったとき、こうした積み上げた文書が複数あれば、解雇の正当な証拠ともなります。

もし文書に残った証拠がなければ、不当解雇と主張され、解雇できないこともありえます。問題社員に与えた指導の内容は、必ず文書に残しましょう。

第 6 章

Chapter Six

「グレー企業」のすすめ④

労働基準監督署との付き合い方

労働基準監督署長は逮捕権をもっている

本の最初でも紹介したとおり、会社と社員の関係は円満で、とくに社員の間に不満があるわけではないのに、突然、労働基準監督署の監督官がやってきて、社長を窮地に追い込むことがあります。

調査に来られたら、よほど完璧な労務管理をしていない限り、指導の対象となり、何らかの改善を求められます。

労働条件の明示は書面で交付されているか、36協定が提出されているか、その限度時間が守られているか、年一回の健康診断は行われているか、そして労働時間が適正に管理され、残業代が適正に支払われているか、などを調査します。

会社の管理体制や社員への残業代支払いが不十分と認められれば、是正、指導を命じられます。

これもすでに書いたとおり、労働基準監督署長には逮捕権がありますから、法令に違反し、それが重大・悪質な場合は書類送検されてしまいます。

社長や管理職にとっては、労働基準監督署から呼び出しや来訪を受けたら、それこそ背筋が凍る思いです。

社員にとっても、自分の働いている会社がそのような指導や処分を受けたら、後に自分たちにも影響がふりかかってくる恐れがあるので、物見遊山な気持ちでばかりはいられません。

それをきっかけに会社の経営が悪化したらそれこそ最悪です。給与体系や残業手当の支払い方法を見直され、かえって以前より条件が悪くなる可能性だってあるからです。

ともかく、労働基準監督署がいつきてもいいように、社長は最低限、残業代の支払いについては適切に処理しておかなければなりません。

賃金台帳は必ずチェックされる基本アイテム

たとえ調査のきっかけとなった社員の怪我が、本社の室内でなく遠く離れた現場で起こった事故であっても、その怪我をした場所に必要な書類がなかった場合に、監督官は当然、本社を訪ねてきます。そして、それが足の怪我だとしても、直接関係なさそうな「賃金台帳も見せてください」と求めて来る場合があります。

そして、タイムカードなどと突き合わせ、確認します。このような基本的なところで不審な箇所が見つかれば、監督官はさらに詳しく調査を進めます。グレー企業といえども、社員に払う賃金に不正があってはなりません。

監督官はそれほど陰険なわけではありません。

通常は、何か不正を見つけてやろうというよりも、計画的に指導するスタンスです。だから最初は、「特に問題はないでしょうが、念のため見せてください」といった雰囲気です。

ところが、**適正に時間が管理されていない、適正な残業手当が支払われていないなどの問題が見つかれば途端に「怪しいですね」という眼差しに変わるでしょう。**

そうなったら、経営者は数倍腹をくくらねばならなくなります。

最近多くなった「申告監督」

監督署の監督にはいくつかの種類があります。主に、

1　定期監督
2　申告監督
3　災害時監督
4　再監督（再々監督）
5　労働条件集合監督

などです。

第1章でも書いたとおり、最近は労働基準監督署が計画にもとづいて行う「定期監督」だけでなく、「申告監督」が増えています。

このところよくあるのは、元社員が会社をやめた後、未払い残業代を請求したのをきっかけに申告監督が行われる例です。

中には、やめた社員でなく、いまも在職している現役社員が密告する場合もあります。その場合は、監督官の調査はいっそう厳しくなるようです。

調査で法律違反が見つかれば、是正勧告が行われます。是正勧告書や指導書が交付されたら、決められた期日までに、報告書を提出しなければなりません。

社会保険労務士に相談しよう

もし労働基準監督署から是正勧告を受けたら、安易な対応は禁物です。期日を無視して、報告書を出さないのはもってのほかです。この本をここまで読んでくださった社長ならおわかりでしょうが、案外、高をくくっている社長も少なくありません。どうかこの機会に考えを改めてください。

労働基準監督から是正勧告書が渡されたら、何よりも優先して是正項目の改善策を施し、法令に準拠するように改め、報告書を作成しましょう。

監督署への対応と報告が、最優先課題だと認識してください。

私がまず何よりお勧めするのは、専門の知識を持った、社会保険労務士に相談されることです。本来なら、税理士と同様、社会保険労務士とも顧問契約を結び、常に社会保険労務士の助言を受けて、様々な経営判断や人事・労務に対応するのが安心です。

もちろん、是正勧告書が出された後でも、まだ間に合います。

専門知識がない状態で是正勧告に対応し、報告書を書こうとしても難しいでしょう。迷わず、相談してください。

そうすれば、是正勧告をきっかけに、社長自身の意識も一新できる上に、会社の労務の状況を見直すよい機会にもなるでしょう。

信頼できる社会保険労務士に出会う方法

「税理士や弁護士は知っているけれど、社会保険労務士の知り合いはいないなぁ。私の会社の近くにもいるのだろうか。どうやって探したらよいのだろう？」

そう尋ねられることがあります。

各県会や各支部のホームページに所属する会員を検索するシステムがあり、お近くの社会保険労務士を見つけることもできますが、安心して依頼のできる優秀な社会保険労務士は、多くの場合、信頼されている税理士らとネットワークを構築しています。

ですから、旧知の税理士さんに相談し、紹介してもらうのが最も確実な方法です。

また、同業者の社長さんに紹介してもらう方法もあるでしょう。

社会保険労務士には包み隠さずに

中小企業の社長さんで、社会保険労務士との付き合いが初めての方は、私の質問になかなか本音を語らず、会社の実態を隠そうとする人がいます。

「社長が私に格好をつけて、どうするのですか！」

と言いたいのですが、そういう社長は少なくありません。

例えば残業代不払いの実態があるのに、すぐに明かしてくれない。我々は税務署でもなければ、労働基準監督署でもありません。社会保険労務士にそれを明かしたからと言って、外部に洩らすこともなければ、そのことで告発される心配もありません。

むしろ逆です。**私たち社会保険労務士は、契約した会社と社長さんのブレーンです。味方です。すべての実情をお聞きした上で、課題があれば対策を講じ、改善を**

提案します。

もし深刻な是正勧告を受けて多額の出費が懸念される恐れがある場合は、あらかじめ最小限の打撃で済むよう対応しなければなりません。重大な改ざんなどを隠しておかれたら、むしろ後になって取り返しのつかない深刻な事態になりかねません。

それでも時々、突然の知らせにびっくりする場合があります。

倒産した会社の社員の失業保険の手続きをしてくれと、私のところに連絡が来るのです。

あらかじめ危うい状況がわかっていれば驚きませんが、そうした事態をほとんど我々に伝えてくれなかった場合には残念な思いをします。それならそうと社長が相談してくれれば、何か打つ手を助言できたかもしれないからです。

労働時間の管理は適正に

定額残業のキーワードは「時間管理」です。あらかじめ設定した時間内であれば、問題ありません。**設定した時間を超えた場合、適正な残業代を支払わなければなりません。**

第4章でも紹介したとおり、グレー企業を目指す中小企業にとって「定額残業」は絶対に欠かせない対策のひとつです。

会社の仕事は、すべて時間で割りきれるものではありません。業種によっては、定めた時間どおりに終わらないのが当たり前です。

例えば、いつ誰が来るかわからないお客さん相手の商店や食堂などの場合。夕方まではまったく暇で、接客販売を担当する社員はほとんど待機。新聞を読み、テレビを見たりしていました。

ところが、店を閉めようとした途端、次々に途切れることなく客足が続き、一段落ついたときには通常の閉店時間を1時間オーバー。それから掃除、片付け、売り上げの確認。

社員が店を出たときには通常の勤務時間の2時間後になっていた、というような場合はしばしばあるでしょう。

　連日このような状況が続くなら、就業時間や勤務体系の見直しが必要でしょう。時にはこのようなこともあるといった業種なら、定額残業で対応したほうがお互いにすっきりするのではないでしょうか。

　労働時間を適正に管理し、実際の残業時間と、あらかじめ設定した残業時間および残業単価を賃金台帳に記載しておきます。社員にわかりやすくしておくことで、お互いの理解も信頼も深まるでしょう。

労働時間に関する世の中の流れ

　法定労働時間は、1日8時間、週40時間と定められています。

　通常はこの範囲内で働きますが、日本には様々な労働時間制度があります。「変形労働時間制」では、一定の期間内の平均が法定労働時間内ならＯＫです。一定期間には、1ヵ月単位、3ヵ月単位、1年単位などがあります。

「フレックスタイム制」は、始業時間と終業時間を社員に委ねるものです。

「事業場外みなし労働時間制」は、会社の外で働く営業職の社員などの場合です。所定労働時間か、労使協定で定めた時間を働いたとみなします。

「裁量労働制（専門業務型）」は労使協定で定めた時間を働いたとみなします。コピーライターやデザイナーを想定しています。

「裁量労働制（企画業務型）」は労使委員会などで決議した時間を働いたとみなします。企画職や調査職を想定しています。いずれも深夜・休日の手当がつきます。

いま再検討されているのは、「ホワイトカラー・エグゼンプション」です。これは時間の規定がなく、深夜手当も休日手当もない、「事務職の労働時間規制適用免除制度」です。政府の新たな成長戦略の柱のひとつに据えられている政策で、いわば「労働時間規制緩和」です。

経済界は、「国際競争力の強化」を理由に、導入に賛成しています。一方、労働者側は、「ブラック企業を助長する」として反対しています。

監督署には、社長が自ら出かける

労働基準監督署と張り合ってもよいことはありません。基本的に労働基準監督署の監督官は「指導する」立場ですから、最初からけんか腰で臨む必要もありません。**指導は素直に受ける、是正勧告書や指導書を受けたら素直に従い、必要な措置を取る、書面を提出する、などの義務を速やかに遂行しましょう。**

顧問をしている会社に労働基準監督署の調査や呼び出しがあると、数年前までは私が資料を持って監督署に出向くことが大半でした。

社長さんは怖気づいて、「先生、代わりに行ってください」と頼んできます。向こうにすれば、「こんな時のために顧問料を払っているのだ」という思いでしょうし、私もそれが「お客さんに対する私のサービスだ」と考えていたからです。

けれど最近は、あえて私が行かず、社長自身に行ってもらうようにするケースが増えています。

私が代行しすぎると、いつまで経っても社長の意識が変わらず、いい加減な労務管理を続ける場合があるからです。

すでに書いたとおり、**労働基準監督署の監督官に「悪質」と判断されれば、書類送検もありえます。**

その危機感を社長に持ってもらう必要があります。

私がすべて代行しいつも社長に矛先が向く前に解決すると、社長にはその切実さがどうも伝わらないようです。

社長に自分で監督署に行ってもらうと、厳しさがわかり、その後の労務管理がとても熱心になされます。

是正勧告が出た場合、是正報告書は私が書きます。その報告書を持って、不安げな顔で監督署に向かう社長に、私はふたつのアドバイスを送ります。

ひとつは、「あらかじめ連絡して、担当の監督官がいることを確認して持っていくこと」。もうひとつは、「定期的に呼ばれることを怖がらず、『どうぞ、これからもご指導ください』という姿勢で行くこと」です。

第 7 章

Chapter Seven

「グレー企業」が目指すべき会社像

会社の永続発展のために「グレー企業」を目指す

まとめの章になりました。

この本では、一貫して「グレー企業のすすめ」を書いてきました。

「グレー企業」とは、理想や完璧を求めることはできないが、決められたルールにもとづいて会社を経営し、社員に対しても可能な限りの労働条件や環境を整える立派な中小企業のイメージです。

綺麗に経営している会社を「少し汚しましょう」というのではありません。ここまで読んでくださった方には、私の意図が伝わっていると思います。

中小企業には余裕がなく、大企業のようにはいきません。会社を健全に経営し、社員全員が安心して働き続ける会社にするため、理想は捨てて、社員と協調を図り、「あえてグレー企業を目指す」のです。

会社は、経営が行き詰まったら悲劇です。社員も仕事を失い、家族は不安に沈みます。会社は安定して回り続けなければなりません。

経営の目的は、会社の利益創出であり、会社の発展です。それが実現できれば、社員だけでなく、社員もその家族も幸せになれます。会社が提供するサービスや商品が社会を豊かにするものなら、社会貢献にもなります。

社長本来の務めは、社員の士気を高めること

最後に、私がこの本で一番伝えたかった話をさせてください。

「グレー企業をつくること」は目的ではありません。「あなたの会社を健全に発展させる」ための土台です。

グレー企業の体制を整えた上で、社長が心を砕くべきことは、「社員の士気を高めること」。言い換えると、「自分の給料を自分で稼ぐ意気のある社員をどれだけ育

てられるか」です。

経営指導を受け持っている会社の中でも、勢いのある会社は訪ねたときの空気が違います。社長に仕事をやらされている雰囲気はなく、社員の顔が輝いています。

「社長、どうしたらいいでしょう?」

と指示を求める言葉より、

「先ほどの件、このように対応してよろしいでしょうか」

担当社員の中にアイディアがあり、前向きな行動が自然に生まれる。会話の質もレベルも違います。どちらの会社が伸びるかは、言うまでもありません。

社員が「社長になったつもり」で働ける会社

大企業は、社長と社員の役割が明確に決まっています。

中にはかなりの裁量を任されているやり手社員もいるでしょうが、「社員全員が社長のつもりで働いてください」と言っても大企業では無理があります。リアリティがありません。

でも、規模の小さな、あなたの会社ならどうでしょう？

実際には社長には社長の仕事があり、誰にでも社長が務まるわけではありませんが、「社長のつもり」で働くことはできるでしょう。

一人ひとりが意欲を持って、生き生きと働く。売上を伸ばし、成果を上げることに情熱をかけて取り組む会社なら、やりがいがあるでしょう。

会社自体も間違いなく伸びるでしょう。

社長はそのように、社員が「社長のつもりで働ける雰囲気」をつくって、社員たちのやる気を高めてあげましょう。

給与の支払い方ひとつで、社員の意識は変わる

どうしたら、社員が「社長になったつもり」で働けるでしょう。

その方法はいくらでもあります。ここが本当は、社長の腕の見せどころです。社長が偉そうに威張っているのもリーダーシップかもしれませんが、真のリーダーシップは見えないところで発揮されます。

一例を挙げましょう。

社員がその月の残業時間を数えて、

「今月はこれだけ余分に働いたから、給与がこれだけもらえるぞ」

と残業代を楽しみにする会社と、

「これだけ売り上げを伸ばしたから、ボーナスがたくさんもらえるぞ！」

「来年は年俸をこれだけ上げてもらおう！」

と考える会社と、どちらが社員の意欲が高く、将来性があるでしょう?

働く時間を計算するのでなく、売上げや成果を求め、社員自らが収益の増加を熱心に考え行動する。後者の方に勢いがあり、売上げは上がる可能性が高いでしょう。まさに、「社長になったつもり」で働く会社です。

勘のいい社長さんならすでに気がついたでしょう。社員をどっちの気持ちにさせるかは「社員次第」ではなく、社長のサジ加減ひとつなのです。

そうです。給与体系をどうするかで、社員の仕事に向かう気持ちは変えることができます。「人事考課制度」を導入し活用することは、第3章でも書いたとおり有効です。

売上に対する成果報酬がまったくなく、ボーナスもだいたい決まったとおりで増減がなければ、社員は「残業代」くらいしか自分の賃金を伸ばす手立てがありません。

ところが、成果に対していくらかの報酬を与える、収益をボーナスに反映させる、といった方向性を明確にしておけば、社員たちは「売上を伸ばす」目標に向かって、一生懸命努力します。なにしろ、その売上が、自分たちの収入増にもつながるのですから。

完全歩合制にするとまた様々な弊害もありますので、基本給と成果報酬のバランスをうまく設定し、社員たちが一方では不安を感じることなく仕事に取り組め、他方ではがんばった甲斐のあるシステムにしておきましょう。

社長の意志と采配で、会社の雰囲気はこのように大きく変化できるのです。

会社への思いが社員の行動を変える

ある会社を訪問したとき、工場に入ると脇に積んであった段ボールの箱が崩れていました。

何人かの社員がそこを行き来していましたが、誰ひとり直そうとしません。これは、「言われた仕事しかしない会社」の典型です。直接自分の担当でないものは、自分には関係がない。整理整頓の意識も低い。社員たちが、上司に指示されたこと以外はしない会社は、あまり発展性がありません。

これに対して、倒れている段ボールがあれば、その担当でない女子社員でもすぐ直そうとする会社があります。重くて自分の手に負えないとわかると、その女子社員はすぐ電話で担当部署に連絡し、状況を説明して応援を依頼していました。

その社員の育ちというのか、個々の資質もあるでしょう。けれど、こうしたさりげない行動は、会社全体から醸し出されるもの、普段の社長の指導や姿勢が反映されるものです。

あなたの会社の社員には、どちらの方向であってほしいですか？　そこを導くのも経営者次第です。

社長が「社員のせい」にしていませんか？

会社が繁栄するために何が大切か、要素はもちろんいくつもあります。
ここでは、まとめに代えて、社員の意識と姿勢のつくり方について書こうと思います。

社員を導くのは社長の務めです。

社員一人ひとりは色々な個性を持ち、色々な性格の持ち主です。けれど、あなたの会社の中で彼らがどんな姿勢、どんな顔で働くかは、実は社長次第です。社員の姿勢や意欲も、社長のリーダーシップ次第で変わります。

「うちの社員は積極性がないなあ」
などと、社員のせいにしていませんか。
それは大きな勘違いです。

社員が積極的になれないのは、社長が無意識のうちにそのような雰囲気をつくっているからです。

会社の決まり、給与体系、日頃の話し方、社内の雰囲気、等々、見直してみませんか。原因は必ず、社員ではなく、経営者の側にあると考えてください。

どんな会社にするかの方向性は、就業規則の内容でもずいぶん明確にできます。例えば残業の規定ひとつとっても、いくら残業しても給与が増えない場合と、働けば働いただけ増えるのではやる気が違います。

ただし、大盤振る舞いをしたら会社が大変です。そこをうまく調整する方法はすでに書いてきたとおりです。

年功序列、年齢に応じた給与体系では若くて能力のある人のやる気が高まらず、十分に実力を引き出しきれない場合があります。これも社長の考えひとつで変えることができます。

要は社長の考え次第です。就業規則の細部まで検討し、人事考課制度を導入するなど、方向性を明確に設定する。これは重要な経営者の仕事です。

自分の給料を自分で稼ぐ社員が何人いるか？

私は多くの会社の経営指導に携わってきました。小規模の会社でも元気があって、どんな苦境に直面してもしぶとく生き残る会社には「ひとつの共通点」があると感じています。

そういう会社には必ず「自分の給料を自分で稼ぐ社員」が何人もいるのです。

反対に、漫然と仕事をこなし、終業時刻になれば退社する。「こなした時間だけ給与がもらえる」と勘違いしている社員がたくさんいる会社は、間違いなく危ないのです。

社長の務めは、会社を支え発展させてくれる優秀な社員を育てることです。

「自分の給与を自分で稼ぐ社員」を何人もつくることができれば、あなたの会社はどんな不況風に見舞われても、どんなトラブルに直面しても、必ず打開して「生き残る会社」になるでしょう。

そのためにも、素質を持った社員がやる気満々で働いてくれるような環境と条件を整えることです。

あなたの会社を見直してください。

愛社精神と「自分で稼ぐ社員」になれる素質を持った人材が、本気になれる体制になっていますか?

会社の雰囲気はどうでしょう?

もう一度、新たな観点でご自分の会社を見つめ直してください。

そしてもちろん、「就業規則がない」という会社はすぐに社会保険労務士に相談して、素晴らしい方向性を持った就業規則の制定を進めてください。

元気な会社は電話の応対から違う

「働かされている会社」と、社員がやりがいを持って「働いている会社」では、電話の応対ひとつからして違います。

私が顧問先の会社に電話を入れたとします。

「もしもし、長尾です」

と名乗ったのに対して、どんな応対をされたら気持ちがいいでしょう?

「いつもお世話になっております」

マニュアルどおりの言葉だけでは、失礼ではありませんが、物足りないでしょう。

ここに気持ちがこもればもっと自然にその会社に対する親近感や愛情が湧きます。

例えば、こんな風に対応されたら、どうでしょう。

「長尾先生、おはようございます。いつもお世話になっております。今日は社長にお取次ぎすればよろしいでしょうか?」

相手が自分の存在をわかっている、次の要件を自分から言わなくても先に気を遣ってくれる。このような対応は、形式的な社員教育だけでは出てきません。日頃から、社長はもとより先輩たちの言動・行動を見て自然に学ぶもの。また、その社員がどんな気持ちで仕事に取り組んでいるかの表れです。

「私は、決められた時間、会社のためにきちんと働いているから、毎月給料をもらえる」と思っている社員には、このような対応はなかなかできません。たとえ直接営業や開発にかかわらない立場の女性社員であっても、「自分の給料は自分で稼ぐ」という意識を持った社員だから、このような明るい、そして気持ちのこもった対応ができるのです。

このような姿勢を会社全体に浸透させることができるかどうか、これも社長の考え次第です。

元気な会社は、電話の応対ひとつとっても違う。そして、このような明るさを持った会社は必ず伸びるのです。ピンチになっても会社一丸となってそれを乗り越える結束力とバイタリティーを感じさせます。

事業を、身内でなく信頼できる社員に継承する

中小企業は、たいてい社長の子どもや兄弟など、身内が次の社長を引き継ぐ場合が大半です。上場企業でも創業家一族から後継者を出すことがいまも珍しくありませんから、中小企業はもっとその傾向が強くあります。

ところが、後継者と目される人物が、あまり信頼に足る実力を持っていない場合、会社の士気は下がりがちになります。

「いまの社長には喜んで忠誠を誓う。だけど、あの子どもが社長になったら、本気でやれるかどうか……」

そんな思いを抱く社員は少なからずいます。

厳しさを認識し、中小企業といえども「私物化しない」意識が高い経営者はたとえ自分に子どもがいても、「身内には継承しない」方針を採る場合が最近は増えて

きました。

社長の仕事は激務です。そして、もちろん重要です。世襲制で引き継いで、この厳しい世相の中で会社をリードできるでしょうか。

そこを冷徹に見極める必要があります。**もし社長が身内の人間でなく、社内でも人望が厚く、それまで社長を支え続けてきた腹心的な幹部社員を後継者に指名したら会社の士気は一気に高まるでしょう。**

後継者を中心に、それまで以上に気持ちがまとまり、社員全員がやる気を高める期待が感じられます。

身内以外の社員が社長にまで登りつめたことで、「自分たちにも出世の道が開かれている」と感じるからです。

会社が社長の所有物でなく、「みんなのものだ」という空気が自然と社内に広がり、自主性も生まれるに違いありません。

社長がひとり、腹心の部下を育てる

人材を育てるためには、「最初は目をつぶる」覚悟も必要です。

これはと思う人材がいたら、ある程度は「任せる」のです。もちろん、会社が許容できる範囲の中で結構ですが、その人材に機会を与え、仕事の面白みを体験させるのです。

それによって、大きく成長し、頼もしい存在になってくれればしめたものです。**社長が思い切って任せることで、「自分の給料を自分で稼ぐ意識」を持った社員が生まれます。ひとり、またひとりと、そういう社員を育てることができたら、会社の勢いは変わります。**

最初は、期待したとおりの成果を見せてくれないかもしれません。社長とは別の人間なのだと理解して、その人の特性を見つけ、生かしてあげましょう。

社員の中に、社長が「右腕」と呼べるような「腹心」ができれば、あなたの会社はあなたがひとりで引っ張る形から一段高い次元で成長できるきっかけとなるでしょう。

中小企業の社長なら誰しも、社長になった時の熱い思いがあるはずです。どんなきっかけで社長になったのか、会社を興したのか。私の顧問先の中には、トラック一台から始め、いまは大きな運送会社を経営する社長がいます。

その人の話など聞くとまさに「武勇伝」です。それを自慢話のようにする社長は敬遠されますが、腹心の部下には、そのような熱い思いを時には伝えることも大切でしょう。

魅力ある会社にするために

生き残る中小企業になるために、グレー企業への路線を引き、社内の空気を前向きに変えた……。さて、それだけで十分でしょうか。

他の企業と差をつけ、独自性を出すためには、扱う商材がもちろん重要です。

私が経営指導している会社の中には、「徹底して、技術に特化する」と方針を定めて取り組んでいる企業があります。

この企業は、小さいながらも同業他社にはない独自な製品を開発し、常に技術力を武器にして売上げを伸ばしています。

いまはどんな業種でも価格破壊が進み、薄利多売が主流になっています。しかし、そうなれば当然、資本力、販売力のある大手企業が有利です。中小企業は価格競争には太刀打ちできません。大手と同じ商品だけを売っていたのでは、将来の見通しは立ちません。

ですから、**価格を下げ、利益を落として競争する商品ではなく、独自の技術で開発した商品を持つことが生き残る大きな武器となります。**この会社の社員構成は、自ずと他社とは違っています。営業担当の社員は半数以下で、大半は技術開発部門のスタッフです。

生き残るために独自の路線を進む

独自の路線を歩むというのは、いろいろな方法があります。

「独自の商品開発」もそのひとつですが、例えば「無借金経営」という方針も、立派な独自路線だと思います。

日本の企業経営は、借金経営が当たり前になっています。けれど、借金は借金です。あるのとないのと、どちらが健全かといえば、それは無借金のほうが健全に決まっています。財務体質も強固です。

無借金経営を貫いている社長は当然のことながらコストダウンの意識が高く、徹底して経費の無駄を省いている人が大半です。

取引先からは「ケチだ」と陰口を叩かれる場合もありますが、そう呼ばれるほど徹底しているわけですから、信用は高まる一方です。

日頃から社員に節約を叩き込んでいますから、不況になっても、会社の売上が一時的に停滞しても、対応力が豊かです。

グレー企業は「右肩上がり」を求めない

企業を発展させると言うと、「右肩上がりの成長」を思い浮かべてしまいます。年々売上を伸ばし、着実に規模を拡大していく。社長なら誰しも思い描くイメージです。

しかし、冷静に現実を直視してみてください。

世の中全体が、むしろ「右肩下がり」になっている時代です。

多くの業界で、前年の数字を維持できれば「御の字」と言われる中、あなたの会社だけが「右肩上がり」で伸びるのは不可能とは言いませんが、賢明な目標設定と言えるでしょうか。

その考え方は、大手のホワイト企業の展望です。

私は、グレー企業を目指す中小企業に「右肩上がりは必要ない」と考えます。

成長率の低いこの厳しい時代、中小企業がそれを目指すのは無理です。いまは我慢の時期。決して無理をしない。

自信を持って「現状維持を目指す！」、これがグレー企業の基本姿勢でよいのではないでしょうか。

長く留まらず、社長が早々に退くのもひとつの方法

社員が定年退職する年齢になっても、中小企業の社長はその座に留まる場合がほとんどです。

社長に定年はありません。業績がよほど悪化し、社長がその資質を疑問視されないかぎり、社長は永遠に社長でいられるのです。

けれど、それが本当に会社の発展にとってはプラスなのでしょうか？

私は、社長が高齢になってもなお社長の地位に座り続けるより、よい時期に社長

を退き、後継者に引き継ぐべきだと考えます。

たいていの中小企業は、社長交代のタイミングが遅れがちです。一概には言えませんが、「少しでも長く」という社長の意向が強いようです。その考えを改めて、「社長を譲るのは、遅いより早い方がいい」と考え直してはいかがでしょうか。


長期的な展望で見たら、早く交代するメリットはいくつもあります。

社長が健在のうちに次期社長に引き継ぐことで、社長は別の立場で新社長を育てることができます。病気になってから、あるいは亡くなって急に次の社長を選ぶのでは、混乱が生じ、新社長も社員も戸惑うのは必至です。

経理の面からも、早い交代にはメリットがあります。


社長が退く際に、退職金を例えば1億円出します。退職金は給与に比べて所得税がかなり安いので、社長にとっても有利です。

その後10年間、社長を続ける場合の給与を先にもらうという発想で退職金の額は決めればいいでしょう。そして、「非常勤の会長」などの立場で次の社長をサポートするのです。

そして、「退職金を2回取りなさい」と、私は指導しています。

つまり、会長職を退く時が来たら、もう一度、退職金をもらうことができます。もし在職中に亡くなったら、会社は死亡退職金を払うことができます。

いかがでしょうか？

「オレが社長でなければ、この会社はダメだ」

そう考えているうちは、「会社の未来はない」とも言えませんか？

社長が安心して（期待して）次を託せる人材を育て、社内外もその人材を歓迎し、早い段階で社長の座を譲ってこそ、会社の未来に明るい希望が見えて来ると思います。

社員が活気づき、会社に勢いがつくのはどちらでしょう。

社長を退いたあなたの居場所は、失われるわけではありません。今度は先頭から一歩下がったところで、若い体制を支える大事な役割を担うのです。

おわりに

中小企業の社長は「孤独だ」とよく悩みを聞かされます。

社内には、経営に関してすべて話して意見を交わせる腹心がいない。取引先に弱みを見せるわけにはいかない、同業他社は仲間でもあるがライバルだから、本当に腹を割って酒を飲み交わすことはできない。

会社が直面する課題にどう対処するか、厳しい現状をどう打開するか。社長はひとり、悶々と苦悩する……。

それではなかなか会社が元気に発展する展望が拓けないでしょう。

私の経験から言えば、勢いのある会社の社長は、必ずといっていいほど「信頼できるブレーン」を持っています。

社内に腹心の部下を持っている、社外に信頼できる相談役がいる、直接的な助言ではないが困ったときに社長が元気を回復できる話し相手がいる、等々。

自分ひとりの力では、たとえ中小企業といえども「会社の経営」はできません。いまなら、インターネットのＳＮＳやフェイスブック、ツイッターなどで社長自身のネットワークをつくって仲間を広げている社長もいます。

いかに信頼できるブレーンをつくり、会社経営に信頼できるブレーンの発想や存在を活かすかは、孤軍奮闘になりがちな中小企業の社長にとって大きな突破口です。

「だけどなかなかそんなブレーンに出会えないのだよ」

「高い会費を払ってセミナーにも通ってみたけど、私が期待したような成果は得られなかった」

そんな社長のボヤキをしばしば聞かされます。


この本の終わりに、私は改めてお伝えします。

すぐ近くに、社長のブレーンとして大活躍できる、しかもリーズナブルな予算で社長を助ける存在がいます。「それを忘れていませんか？」と。

そうです。社会保険労務士です。

私たちの仕事は、まだ十分に理解されていない気がします。社会保険料を計算するだけ、行政へ提出する書類をつくるだけが社会保険労務士の仕事ではありません。会社の経営に関するあらゆる相談に専門家の立場で応じ、思いつきではなく、法律や実例に沿って、社長に具体的な針路をご提案できます。

多額な報酬を求める経営コンサルタントより遥かにリーズナブルで、しかも日常の業務に則した助言をすべて行います。

私の場合は税理士でもありますから、税務と労務の両方をひとりにご依頼いただくことで、経費を軽減することもできます。

私たち社会保険労務士がどのような知識を持ち、どのような情報提供や助言ができるかは、すでにこの本に書いたとおりです。

私たちと顧問契約を結ぶことで、社長はいつでもこのような専門的な知識と情報を、必要なとき、必要なだけ、得ることができます。それをご提供し、みなさんの会社を元気にするのが、私たちの喜びです。

どうぞこの機会に、社会保険労務士をブレーンにすることをお考えください。社会保険労務士を隠れた右腕にして、素晴らしい「グレー企業」の道を歩まれるよう、願っています。

2014年12月

特定社会保険労務士・税理士　長尾雅昭

「グレー企業《きぎょう》」になりなさい！

2015年1月28日　初版第1刷

著　者 ―――――――― 長尾雅昭《ながおまさあき》
発行者 ―――――――― 坂本桂一
発行所 ―――――――― 現代書林
〒162-0053　東京都新宿区原町3-61　桂ビル
TEL／代表　03(3205)8384
振替00140-7-42905
http://www.gendaishorin.co.jp/
カバー・本文デザイン ―― 福田和雄(FUKUDA DESIGN)

印刷・製本：広研印刷(株)
乱丁・落丁本はお取り替えいたします。

定価はカバーに
表示してあります。

ISBN978-4-7745-1497-0　C0034